AF454357

Estilo de Vida Saludable

Saludable

La Base del Bienestar Integral

Francisca Hein Schwerter

Estilo de Vida Saludable

La Base del Bienestar Integral

*Autoconocimiento, Superación personal,
Mindful Eating, Sueño, Ejercicio físico,
Desarrollo emocional, contacto con la naturaleza.*

¡Empecemos!

PRIMERA EDICIÓN
Noviembre 2024

Editado por Aguja Literaria
Noruega 6655, dpto. 132
Las Condes - Santiago de Chile
Fono fijo: 56 - 227896753
E-Mail: contacto@agujaliteraria.com
www.agujaliteraria.com
Facebook: Aguja Literaria
Instagram @agujaliteraria

ISBN
9789564091341

Nº INSCRIPCIÓN:
2024-A-10744

TAPAS
Imagen de Portada: Creative Fabrica
Diseño: Josefina Gaete Silva

ÍNDICE

¿Qué es el bienestar?

Estar a gusto con uno mismo, ser feliz y sentirse bien son cuestiones básicas que han preocupado al mundo durante milenios. Conceptos como felicidad, satisfacción vital o calidad de vida suelen ser expresiones que se utilizan para referirnos al bienestar con la vida que llevamos. Estas expresiones abarcan diferentes dimensiones de la persona en las que influyen tanto factores objetivos (estado de salud, nivel de renta, cultura, país en que se vive, calidad y cantidad de sueño, calidad de alimentación, calidad de relación con la comida, orden, disciplina y hábitos) como subjetivos (sentirse feliz, sentirse sano, sentirse libre, bienestar en sí mismo, etc.).

Una definición preliminar de calidad de vida es: un estado de satisfacción general, derivado de la realización de las potencialidades de la persona. Posee aspectos subjetivos y objetivos. Es una sensación subjetiva de bienestar físico, psicológico y social. Otros aspectos subjetivos: la intimidad, la expresión emocional, la seguridad percibida, la productividad personal y la salud notada, y objetivos: el bienestar material, las relaciones armónicas con el ambiente físico, social y la salud.

Mejorar nuestros hábitos incrementa la calidad de nuestra vida en cuanto a salud física y psicológica, relaciones con otras personas y seres vivos en general. Podemos favorecer el desarrollo del bienestar en distintos ámbitos de nuestra vida: respecto a nuestras emociones, autoestima, autosuperación, así como también, realizando cambios en nuestros hábitos para mejorar la calidad de sueño, alimentación, incorporación de ejercicio físico y contacto con la naturaleza. La incorporación de hábitos de vida saludables que favorezcan el desarrollo del bienestar integral, es un proceso gradual y paulatino que requiere del compromiso con nosotros mismos para transformarnos en una mejor versión, así como también, uno con nuestra vida, las personas que nos rodean y si es posible también, a nivel de todo el planeta.

Quien elija transitar este proceso se encontrará con momentos de avances y retrocesos, posibles abandonos con el riesgo de recaer en conductas o hábitos poco saludables, pero lo importante es que siempre está la opción de retomar el camino que nos llevará a una mejora sustancial en lo que respecta a la calidad de vida, no solamente a nivel individual, también familiar, laboral, social y comunitario. En muchas ocasiones tendemos a normalizar comportamientos erráticos debido a que la mayoría de las personas los realizan y esto va asociado a un refuerzo social, lo que promueve la permanencia de dichas conductas en el tiempo. Este fenómeno es posible identificarlo en distintas culturas, lugares geográficos y momentos de la historia. Algunas personas, sin tomar mayor consciencia, reiteran estas conductas en el tiempo hasta que es demasiado tarde, y las posibilidades de revertir la situación son mínimas.

Es por eso que, a través de este libro, pretendo informar, recordar y enseñar la importancia de incorporar y mantener un estilo de vida saludable en nuestras vidas de manera preventiva y con la finalidad de promover un desarrollo saludable a nivel social, físico, emocional y espiritual, dado que todos estos aspectos configuran dimensiones de nuestro ser y estar en el mundo.

En mi trabajo psicoterapéutico con pacientes adolescentes y adultos, así como con pacientes bariátricos o que sufren de sobrepeso u obesidad, he podido seleccionar con el tiempo ciertas formas de abordar los distintos ámbitos necesarios para lograr una mejor calidad de vida, aumentar el bienestar y conseguir un estilo de vida saludable que conlleve a un nuevo estado de posición respecto a la vida y a nosotros mismos. Estos cambios y transformaciones son parte de un proceso que requiere esmero y cuidado, implica la atención consciente en distintos ámbitos y una mayor reflexión respecto a nuestro constante desarrollo como seres humanos.

Por ello, he elegido el enfoque de la psicología positiva. Este refuerza los recursos personales, la comprensión empática hacia nosotros y hacia otros, el manejo de las emociones, cómo lidiar con el estrés del día a día, la incorporación del ejercicio físico, el cuidado del sueño como necesidad básica de los seres humanos y el enfoque de la atención para el logro de metas. Esto ayuda a organizar nuestra energía de manera equilibrada y potencia el contacto con nuestra esencia, la naturaleza, con la que también convivimos y nos favorece a una mejora en nuestra salud física y emocional.

Un estilo de vida saludable es aquel en el que se mantiene una armonía y equilibrio en la dieta alimentaria, la relación sana con los alimentos, la actividad y el ejercicio físico, el manejo del estrés, la recreación y el descanso, la paz espiritual, las buenas relaciones interpersonales, la paz espiritual y la relación con nuestro entorno natural, un desarrollo del sí mismo, entre otras. Considero que este libro es muy útil para quienes quieran aumentar su consciencia respecto a su estilo y hábitos de vida, ya sea para mejorar su calidad de vida a nivel global, como para lograr objetivos específicos, en otros casos es útil también para personas que puedan padecer de trastornos de la conducta alimentaria, quieran aplicar la alimentación consciente en sus vidas, padezcan de sobrepeso u obesidad y también personas que padezcan de trastornos anímicos o de la esfera afectiva en general. En caso de situaciones que escapen de los parámetros de salud, recomiendo acudir a consultar con los profesionales de las áreas específicas para abordarlos de manera apropiada.

CAPÍTULO 1

EL AUTOCONOCIMIENTO

*Conocer a otros es inteligencia,
conocerse a sí mismos es sabiduría.
Manejar a otros es fuerza,
manejarse a sí mismos es verdadero poder.
Conocer tus pensamientos y saber controlarlos
es en lo que se basa el verdadero poder.*

Tao Te Ching

Según William Shakespeare, "De todos los conocimientos posibles, el más sabio y útil es conocerse a sí mismo". Por otra parte, Weisinger destaca: "La clave para gestionar a otros de manera efectiva es manejarse uno mismo primero". Cuanto más conoces de ti, mejor puedes relacionarte con los demás desde una posición de confianza, seguridad y fortaleza.

El autoconocimiento es, en líneas generales, el proceso reflexivo mediante el cual una persona se conoce a lo largo del tiempo, quién es; es decir, es el conocimiento de uno mismo para hacernos conscientes de nuestro abanico de defectos y virtudes. No se desarrolla de forma inmediata, de hecho, puede llevar toda la vida.

Esta habilidad es una herramienta valiosa que permite descubrir las propias debilidades, limitaciones, necesidades, el tipo de señales que emite nuestro cuerpo, mente, etc., lo cual permite tomar decisiones inteligentes. Además, es una información útil para afrontar las diferentes situaciones que se nos presenten y saber reaccionar ante ellas de manera eficaz. Igualmente, favorece la comprensión de los comportamientos, sensaciones y sentimientos de quienes nos rodean.

Conocerse a sí mismo es el punto de partida para tomar decisiones correctas y productivas, fundamentales para sentirnos felices y superarnos constantemente. Cuando te conoces, incrementas tu nivel de consciencia y descubres tus puntos débiles y aspectos a mejorar, identificas tus fortalezas y cualidades, lo cual puede llevar a la mejora de tu autoestima y a la adquisición de una mayor capacidad de autocontrol personal y emocional. Asimismo, el autoconocimiento engloba conocer derechos, deberes y responsabilidades.

De este modo, el autoconocimiento conlleva a la adquisición de nuestros deseos, impulsos, sueños, emociones, pasiones, miedos, sentimientos, pensamientos, necesidades, etc. A través de él se adquiere noción de persona, de sus cualidades y características. Está basado en aprender a querernos y conocernos tal como somos. Un adecuado autoconocimiento favorecerá que el sujeto sea una persona mucho menos impulsiva y más consciente de sus sentimientos y acciones para sí y para los demás, tomando en cuenta las causas, motivos y consecuencias. Además, esta habilidad es esencial para que una persona sea asertiva, empática, compasiva, amable, tolerante, y sobre todo, capaz de amar. Es un proceso emocional orientado al bienestar que asegura una manera de actuar adecuada y sin riesgos, un uso acertado y saludable de las emociones, así como el incremento de la autoestima de la persona.

¿Cómo podemos llegar al autoconocimiento? Las personas suelen pensar que se conocen y saben cómo son, pero en verdad no es así. Conocerse no es una tarea sencilla, puede llevarnos años, incluso, puede que nunca lleguemos a saber quiénes somos realmente. Las personas nos encontramos sumidas en un cambio constante y durante nuestra vida sufrimos todo tipo de modificaciones en relación a nuestra forma de pensar, nuestras creencias, nuestra actitud, nuestra manera de actuar en distintos contextos y de entender nuestra existencia.

El proceso de autoconocimiento, como mencioné al comienzo, es largo y constante, pues a medida que pasa el tiempo cambiamos nuestra forma de ser y ver la vida. ¿Cómo podemos conocernos? Debemos ser sinceros sobre todo con nosotros y nunca intentar engañarnos, autosabotearnos. El primer paso para esto es desarrollar un profundo autoanálisis e intentar buscar en nuestro interior para encontrar lo que verdaderamente somos. Es vital analizarse a través de uno o de otras personas, amistades, grupos, profesionales, etc.

Como todo proceso, el autoconocimiento presenta diversas fases:

Autopercepción: Supone la observación de manera realista e íntima de nuestro ser, examinando de modo exhaustivo nuestra personalidad, emociones, deseos, sentimientos, actitudes, conductas, así como nuestro entorno.

Autoobservación: Actividad de análisis sobre nuestras acciones y comportamientos, de modo que entendamos qué razón nos lleva a comportarnos de ese modo.

Memoria autobiográfica: Es aquella memorización sobre el conjunto de recuerdos y experiencias vividas, las acciones ejecutadas, así como los pensamientos desarrollados. Permite recordar qué nos ha sucedido en nuestro pasado, en un momento y en un lugar específico.

Autoestima: Es la forma en que nos valoramos y consideramos, es decir, el aprecio y la percepción que tenemos de nosotros mismos. En la formación de la autoestima, influyen dos aspectos fundamentales: el autoconocimiento que tengamos de nosotros mismos y nuestras expectativas (cómo es la vida de la persona y cómo le gustaría que fuera). Está basada en algunas características tales como la confianza, el respeto, la comprensión, el amor y cariño, la atención y el cuidado, así como la tolerancia hacia uno mismo.

Autoconcepto: Es el conjunto de características que configuran la imagen de uno mismo, a través de un juicio de valor.

Autoaceptación: Tras las anteriores fases de reflexión sobre sus sentimientos, acciones, actitudes, emociones, hechos, etc., el sujeto debe sentir amor por sí mismo, mostrarse seguro y aceptarse tal cual es, lo cual, es el primer paso para tomar las decisiones adecuadas, modificar las que lo necesiten y acercarse a la felicidad de ser quien es. Asimismo, con la autoaceptación culmina el ciclo de autoconocimiento, de tal forma que nos aceptemos con nuestros aspectos positivos y negativos.

Es importante mencionar que, como somos seres en constante cambio en interacción con el entorno, podemos transitar por este proceso y por estas distintas etapas constantemente en la vida, sin ser esto un proceso lineal, sino más bien, circular, en constante transformación. Podemos considerar cuestiones significativas para desarrollar el autoconocimiento:

- Pregúntate quién eres. Mediante esta cuestión, obtendrás la respuesta sobre qué persona eres en la actualidad, cómo te percibes y cómo vives, de modo que también te preguntes quién quieres ser y cómo quieres vivir, lo cual te encaminará hacia tus objetivos y metas vitales.

- Cuestiónate sobre tus fines en la vida, es decir, qué quieres conseguir y hacia dónde quieres llegar. Conoce para qué estás en este mundo (construye un propósito de vida) y qué motivaciones tienes para vivir.

- Medita sobre cómo valoras las cosas, cuáles son tus valores en esta vida.

- Conecta con tus emociones (identifica, conoce y valora tus sentimientos en cada situación). Es recomendable, para descubrir este aspecto, llevar a cabo un diario de sentimientos y pensamientos.

- Analiza tus actos, qué motivos te llevaron a realizarlos, así como también las consecuencias y repercusiones para ti mismo y para las personas que te rodean.

- Con el objetivo de poder conocernos en profundidad, expongo una serie de preguntas, a modo de test psicológico, que te permitirán descubrir cómo piensas y la manera en que entiendes la vida y a las personas que te rodean.

- ¿Consideras que te conoces?

- ¿Por qué?

- ¿Qué cambiarías de tu vida?

- ¿Qué te gustaría hacer que todavía no hayas hecho?

- ¿Qué habilidades tienes?

- ¿Cuál es tu mayor habilidad o capacidad?

- ¿Te afecta lo que las demás personas piensen de ti?

- ¿Cuál es el rasgo que más te desagrada de ti mismo?

- ¿Cuál es el rasgo que más te desagrada de las demás personas?

- ¿Cuál es tu mayor extravagancia?

- ¿Cuál es tu viaje favorito?

- ¿En qué ocasiones recurres a la mentira?

- ¿Qué es lo que más te gusta de tu aspecto?

- ¿Qué es lo que menos te gusta de tu aspecto?

- ¿Qué persona viva te inspira más desprecio?

- ¿Qué persona viva te inspira mayor admiración?

- ¿Cuál es tu gran pesar?

- ¿Qué o quién es el gran amor de tu vida?

- ¿En qué situaciones has sido más feliz?

- ¿Qué talento te gustaría tener?

- ¿Cuál es tu estado de ánimo actual?

- Si pudieras transformar una única cosa de ti, ¿qué elegirías?

- Si pudieras cambiar una única cosa de tu familia, ¿qué elegirías?

- ¿Cuál o cuáles consideras que es o son tus mayores logros?

- Si murieras y te reencarnases en una persona o cosa, ¿qué crees que serías?

- ¿Cuál es tu bien más preciado?

- ¿Cuál es tu idea de la felicidad perfecta?

- ¿Dónde te gustaría vivir?

- ¿Cuál es tu rasgo más característico?

- ¿Cuál es la cualidad que más te gusta en un hombre?

- ¿Cuál es la cualidad que más te gusta en una mujer?

- ¿Qué es lo que más valoras de tus amigos?

- ¿Cuál es tu gran miedo?

- ¿Cuál es tu gran sueño o sueños?

- ¿Qué es lo que más detestas?

- ¿Cómo te gustaría morir?

- ¿Cuál es tu lema?

- ¿Con qué personaje histórico te sientes más identificado?

- ¿Cuál consideras que es la virtud que más valoras de una persona?

Lo más importante a la hora de realizar este test es intentar por todos los medios ser verdaderamente sincero/a en tus respuestas. De esta manera, podrás conocer cómo eres y entenderte en profundidad. Es importante destacar que no existen respuestas buenas ni malas. Cada una indica cualidades sobre ti y ayuda a un acercamiento al conocimiento propio. Asimismo, es vital realizar una reflexión sobre la contestación emitida, desgranando nuestra elección, de tal forma de poder tomar consciencia del significado de esa respuesta para ti. Después de responder, piensa en lo que cada respuesta muestra.

En eso consiste el **autoconcepto**, en el descubrimiento de uno mismo, en saber destapar todo aquello que hace referencia a una persona. La persona ha de conocerse, aceptarse, tolerarse y quererse tal cual es, incluso con aquellos aspectos que normalmente llamamos defectos; el autoconocimiento permite el conocimiento de las condiciones de la persona, lo cual posibilita que pueda cambiar aquello que no le guste de su personalidad, de su forma de actuar y relacionarse con los demás. Por lo tanto, a partir de conocernos a nosotros y de mejorar nuestra autoestima, podemos convertirnos en lo que realmente queremos ser. Solo así podremos conseguir una satisfacción y superación personal plenas.

LA ESCALERA DE LA AUTOESTIMA

*Solo si me siento valioso
por ser como soy,
puedo aceptarme,
puedo ser auténtico,
puedo ser verdadero.*

Jorge Bucay

La psicología nos muestra los diferentes grados de autoestima a través de la escalera de la autoestima. Se asemeja a una pirámide donde comenzamos por la base del conocimiento personal hasta alcanzar la cúspide que es la superación personal.
Alcanzar el autoconocimiento es un proceso largo y constante que siempre debe estar motivado por el deseo de lograrlo. Su consecución nos ayuda a tomar decisiones correctas, a manifestar el comportamiento apropiado y a conocer qué es lo que realmente deseamos en la vida.

La escalera de la autoestima nos guía por un camino en el cual debemos conocernos, aceptarnos, respetarnos, valorarnos y superarnos. Superarnos personalmente, tomar decisiones acertadas y alcanzar nuestras metas en la vida deben ser considerados como un proceso en que debemos atender estos diferentes aspectos.

El autoconocimiento: Este proceso consiste en conocer en nosotros mismos un abanico de defectos y virtudes. Debe partir siempre de los rasgos negativos, dado que normalmente es más sencillo descubrir lo que es fácil para nosotros, en lo que nos va bien y en lo que destacamos. Es importante tener en cuenta que lo positivo y lo negativo son simplemente la forma en que entendemos nuestra vida; no hay que confundirlo con lo que es aceptado socialmente. El bien y el mal dentro de nuestra personalidad deben ser marcados por nuestra mente y nuestro entorno. Debemos buscar cuáles son nuestras habilidades y nuestras debilidades, qué necesidades tenemos en nuestra vida y qué nos hace mejores y diferentes a los demás. Es crucial analizar cómo nos comportamos en diferentes momentos y cómo actuamos en nuestra vida diaria. Se trata de observar qué acciones nos hacen sentir bien o qué sucesos nos producen ansiedad y temor. Cada persona es diferente, por lo cual, al evaluarnos a nosotros mismos, no debemos realizar comparaciones con otros, sino centrarnos en nuestra propia persona.

La aceptación: Radica en aceptarnos a nosotros mismos tal como somos, tanto física como psicológicamente. Este proceso requiere una aceptación completa de la persona, entendiendo que nuestros pensamientos, sentimientos y físico cambian con el tiempo, y debemos aceptarlos como somos en el instante actual. Aceptar es el paso más difícil de la superación personal, pues muchas personas desean mejorar aspectos de sí mismas con los que no están satisfechas.

La autovaloración: Es la capacidad que poseemos para valorar nuestras virtudes y habilidades, tanto físicas como mentales o psicológicas. Se trata de apreciar aspectos de nuestra vida que nos hagan sentir orgullosos de nosotros mismos. Todas las personas tienen aspectos positivos de los cuales pueden sentirse satisfechas. Este es un punto clave para la superación personal del individuo.

El autorrespeto: Noción para ser felices y considerar que cualquier persona puede serlo. No debemos culparnos por cosas que creemos que no están bien. Es importante respetarnos a nosotros mismos, buscar nuestras habilidades y sentirnos bien ante cualquier circunstancia. No debemos culparnos por errores y no calcular los sentimientos de felicidad en contraposición con otras personas.

La autosuperación: Si nos conocemos, siempre podremos superarnos en nuestra vida personal. Es importante conocernos, aceptarnos, valorarnos y respetarnos para poder incrementarnos y tener un alto nivel de autoestima. Esto favorecerá la toma de decisiones adecuadas y la resolución efectiva de problemas cotidianos, lo cual nos llevará a disfrutar de una vida más plena.

LA AUTOESTIMA POSITIVA

Usted mismo, tanto como cualquier otro en el universo entero, merece su amor y afecto.

Buda

La autoestima positiva es uno de los tipos de autoestima que se considera deseable para lograr la plena felicidad. Implica sentirse satisfecho y orgulloso de uno mismo, consciente de su valía y capacidades, capaz de enfrentar las dificultades de forma resolutiva. Implica tener una visión realista de nosotros mismos, reconociendo también en nosotros la existencia de debilidades o defectos, pero aceptándolos con cariño y compasión. Mantener una autoestima positiva es ideal.

La autoestima positiva brinda grandes beneficios en todos los aspectos de nuestra vida, aportando efectos ventajosos para nuestra salud y calidad vital, reflejándose en el desarrollo de la personalidad y en una percepción satisfactoria. Su importancia radica en ser la fuerza que nos impulsa a actuar, a seguir adelante y a perseguir nuestros objetivos; nos estimula a esforzarnos ante las dificultades.

La autoestima positiva construye una personalidad fuerte y sólida. Favorece el logro y mantenimiento de una salud psicológica estable, permitiendo adquirir un equilibrio mental que nos hace sentir queridos y estimados por los demás, al mismo tiempo que nos capacita para administrar amor y cariño hacia otros, promoviendo relaciones interpersonales provechosas, satisfactorias y saludables. Aumenta la capacidad de tratar a los demás con respeto, benevolencia y buena voluntad, favoreciendo relaciones interpersonales enriquecedoras y evitando las destructivas. Por el contrario, una autoestima baja sumerge a la persona en un mar de pensamientos pesimistas sobre su propio yo, lo que dificulta el establecimiento de relaciones interpersonales sanas debido a la falta de valía, seguridad y confianza en sí.

Estudios recientes reconocen la importancia de la positividad en la vida, demostrando que las personas que enfrentan problemas y adversidades de manera positiva obtienen mejores resultados en relación con sus propósitos.

La autoestima positiva aporta un conjunto de beneficios para nuestra salud y calidad de vida, manifestándose en el desarrollo de una personalidad más plena y una percepción más satisfactoria de la vida.

Entre las ventajas que una autoestima positiva puede reportar se encuentran:

- Optimismo (realista).

- Seguridad.

- Confianza.

- Estabilidad y equilibrio.

- Alta motivación.

- Valoración personal.

- Responsabilidad.

- Satisfacción.

- Orgullo.

- Esfuerzo.

- Valentía.

- Autocontrol.

- Capacidad de autosuperación.

- Afrontamiento de retos o desafíos.

- Logros.

- Tolerancia a la frustración.

- Elevada independencia.

- Iniciativa.

- Empatía y asertividad.

- Capacidad de decisión.

- Expresión emocional.

- Capacidad de influencia sobre su entorno.

- Relaciones sociales óptimas.

- Incremento de creatividad.

Una autoestima positiva aumenta nuestra capacidad para afrontar y superar dificultades, enfrentando los problemas con una actitud de confianza. Además, fomenta nuestra responsabilidad al adquirir compromisos y ejecutarlos. Potencia nuestra creatividad y capacidades, fundamentando la autonomía personal al proporcionarnos seguridad. También favorece la creación de relaciones sociales igualitarias y satisfactorias al ser más asertivos y enfrentar los conflictos con actitud positiva y constructiva.

El respeto a uno mismo está estrechamente vinculado con la autoestima positiva, pues la consecución de la felicidad depende en gran medida de la aceptación, el amor propio y la coherencia de nuestros valores. El respeto propio es fundamental para alcanzar una autoestima positiva, dado que nos permite sentirnos bien con nosotros mismos y luchar por nuestras metas. Para lograrlo, es necesario realizar una autovaloración reflexiva sobre nuestras virtudes, defectos, capacidades y limitaciones, aceptando y conociendo estos aspectos para amarnos tal como somos, siempre buscando mejorar y superarnos. Este proceso es crucial para configurar una autoestima óptima.

Una autoestima elevada es esencial para lograr la superación personal y está fuertemente influenciada por la positividad. Una autoestima positiva nos convierte en personas más realizadas en general, lo que nos capacita para enfrentar las situaciones de la vida con mayor eficacia y menor desgaste energético.

Aceptar las críticas también es crucial para desarrollar una autoestima adecuada. Debemos conocernos a nosotros mismos y aceptarnos tal cual somos. Además, debemos ser capaces de recibir positivamente las observaciones de los demás sobre nuestra persona, entendiendo que son oportunidades de mejora y aprendizaje. Es importante valorar nuestras opiniones, acciones, pensamientos e identidad como personas, al mismo tiempo que deseamos mejorar continuamente.

Para fortalecer nuestra autoestima y convertirla en positiva, son fundamentales la autenticidad y la coherencia, asegurándonos de que nuestra conducta refleje nuestros pensamientos, sentimientos y valores. Asimismo, la seguridad es clave, dado que nos proporciona la confianza necesaria para enfrentar retos sin temor y resolver los problemas que se nos presentan en la vida.

LA FALSA AUTOESTIMA

*La autoestima es tan importante para nuestro bienestar
como las patas para una mesa.
Es esencial para la salud física
y mental y para la felicidad.*

Luise Hay

Las personas que alcanzan momentos de felicidad son aquellas que intentan conocerse y superarse a sí mismas, capaces de encontrar sus virtudes y habilidades para mejorar constantemente. Es importante tener en cuenta que no todo lo que nos rodea es cierto. A menudo, nos encontramos con personas que no muestran su verdadero yo, intentando aparentar una vida idílica que en realidad no tienen. En este sentido, el refrán: "Dime de lo que te jactas y te diré de lo que careces" es muy acertado. Cuando pretendemos tener una autoestima alta o fingimos una vida que no es la nuestra, comparándonos con otros y compartiendo una imagen falsa, cometemos un gran error. Esto solo nos hará sentir bien temporalmente y no nos beneficiará en absoluto. Vivir con una falsa autoestima conlleva dificultades, ya que implica vivir bajo una mentira que, tarde o temprano, se descubrirá. Además, nos somete a una constante presión, angustia y ansiedad por mantener esa imagen y miedo a ser descubiertos.

La falsa autoestima es un mecanismo de defensa que utilizan las personas, consciente o inconscientemente, para evitar ser dañadas, no mostrar debilidad frente a los demás y aparentar que no tienen problemas de inseguridad. Se basa en crear una imagen falsa de uno mismo como forma de autoprotección.

A menudo, las personas que desarrollan una falsa autoestima no son conscientes de ello pues utilizan diversas estrategias para ocultar su realidad, llegando a creer su propia mentira. Esto puede llevarles a comportarse de manera egocéntrica, cruel, o intentar colocarse en situaciones de poder y superioridad para esconder sus problemas. Se trata de crear una apariencia falsa en una o varias áreas de la vida para compensar una carencia o debilidad.

Aquellas personas que se esconden tras una falsa autoestima creen que si los demás conocieran su verdadero yo, se sentirían defraudados y evitarían relacionarse con ellos. Por lo tanto, continúan con el engaño, actuando bajo una personalidad que no les pertenece. Este comportamiento puede llevarles a interiorizar tanto su falsa vida que llegan a creerse esa irrealidad. Estas personas siempre están en alerta y continúan con el engaño, actuando de acuerdo con el papel que han creado, ocultando su verdadera personalidad.

Es importante recordar que es imposible competir y superar a todas las personas del mundo. Siempre habrá alguien que sea mejor que nosotros en algún aspecto. Competir con otros no nos llevará a nada bueno, sino que nos hundirá emocionalmente. Por eso, es fundamental compararnos con nosotros mismos para poder superarnos y lograr lo que deseamos, en lugar de compararnos con los demás.

La falsa autoestima se manifiesta a través de aspectos de la vida de la persona que le aportan seguridad e identidad, como la apariencia física, los éxitos laborales y la riqueza económica. Es importante valorar estos aspectos de la identidad, pero expresados de manera desequilibrada, destructiva y excesiva pueden indicar una compensación de otras áreas de la identidad que la persona percibe como carencias.

Es importante tener en cuenta que cuanto más utilicemos esa falsa apariencia, más cómodos nos sentiremos con ella y más complicado será deshacernos de aquello el día que realmente queramos hacerlo.

Algunos de los rasgos que delatan la falsa autoestima son los siguientes:

- Carencia de empatía y asertividad.
- Sentimientos de superioridad.
- No se aceptan ni valoran.
- Envidia.
- Crítica constante a los demás y a sus debilidades.
- Crueldad.
- Prepotencia.
- Orgullo exacerbado.
- Alto ego.
- Egoísmo.
- Arrogancia.
- Faltas de respeto hacia los demás.

- Insensibilidad.

- Autoritarismo.

- Irritabilidad.

- Inestabilidad emocional.

- Inflexibilidad.

- Resentimiento.

- Manipulación.

- Autoengaño.

- Falta de autocrítica (no reconocen sus errores).

- No asumen sus errores ni piden perdón cuando se equivocan.

- Hacer promesas que no cumplirán.

Una persona que ha desarrollado este tipo de autoestima la exterioriza de forma exagerada, lo que hace complicado que reconozca la situación e incluso que la considere un problema. De hecho, está comprobado que presentan cierta predisposición a desarrollar trastornos psicológicos como el narcisismo, la manía y la depresión.

Vivir con este tipo de autoestima conlleva numerosas desventajas para la persona, ya que nunca podremos ser nosotros mismos y siempre estaremos "disfrazados". Esto nos hará perder muchas oportunidades y no podremos desprendernos nunca de nuestros miedos, lo que dificultará que nos conozcan realmente los demás, lo que será un gran inconveniente en la creación de relaciones saludables. Es fundamental tener en cuenta que pocas veces conseguiremos que los demás nos traten con sinceridad y confianza si nosotros mismos rechazamos utilizarla; usar máscaras en una relación, de cualquier tipo, incitará a otros a usarlas también en nuestra contra.

CAPÍTULO 2

SUPERACIÓN PERSONAL

*"No me gusta esa educación
según la cual tú tienes que pelearte
por superar a los demás
y no por superarte a ti mismo".*

Jorge Bucay

La superación personal es un fascinante proceso de crecimiento en todos los aspectos de la vida. Implica un esfuerzo por mejorar, no en comparación con otros, sino centrado en el desarrollo personal. Para lograrlo, es crucial enfocarnos en nuestra personalidad y establecer sistemas que fomenten un progreso continuo, evitando las comparaciones con los demás.

La superación personal abarca la salud física y mental, las relaciones humanas, la formación intelectual, el ámbito académico y profesional, el desarrollo espiritual, la participación social, el cuidado del medio ambiente y cualquier otro aspecto relacionado con la vida de las personas.

Este proceso no ocurre de forma espontánea, sino que requiere una gran cantidad de trabajo, esfuerzo, disciplina, coraje, persistencia, honestidad, respeto, determinación, amor y una gran responsabilidad.

Para profundizar en el conocimiento de la superación personal y facilitar su logro, te presento algunas técnicas que favorecen o acercan a ese estado de plenitud:

Conocimiento de sí mismo y potenciación de las propias capacidades y habilidades: Es fundamental reflexionar y descubrir en qué destacamos y qué funciona bien en nuestra vida. Identificar nuestras mejores capacidades nos permite mejorar su rendimiento enormemente. Es necesario considerarse competente y confiar en nuestras habilidades, así como saber encontrar nuevas oportunidades y retos para lograr el éxito y la satisfacción en la vida.

Establecimiento de metas alcanzables (SMART): Marcar metas viables e intentar superarlas es esencial en este proceso de mejora. Observar los logros alcanzados y la satisfacción que estos producen en nuestra vida nos motiva a seguir adelante. Es aconsejable empezar con retos fáciles e ir aumentando la dificultad con el tiempo. Ponerse metas "alcanzables" cada día asegura un crecimiento continuo y da un sentido al progreso establecido de principio a fin. Las metas deben ser específicas para poder definir los caminos para alcanzarlas. Los objetivos son vitales para lograr nuestros retos, ya que una persona exitosa sabe fijar metas.

George T. Doran propuso el **Método SMART** en su artículo de 1981 titulado: "Hay una manera inteligente para escribir metas y objetivos de la administración", con el fin de alcanzar objetivos de forma eficiente e inteligente. Esta herramienta no solamente se aplica al mundo empresarial, sino que también posee un amplio abanico de opciones tanto personales como profesionales donde puede ser implementada.

Tu meta debe ser específica y detallada: Tu cerebro debe entender, sin ningún tipo de ambigüedad, qué es lo que quieres conseguir. Imagínate que tu meta es: "Tener un mejor promedio". Esta meta, tal y como está formulada, es poco específica. Estaría mejor que detallaras parámetros como: ¿Qué nota promedio deseas?, ¿en qué asignatura? Hacerlo te ayudará a concretar posteriormente tu plan de acción.

Define tu meta en positivo: Por ejemplo, cambia: "No reprobar matemáticas" por "aprobar matemáticas".

Toda meta debe ser medible: Deberás indicar los parámetros necesarios para saber que estás avanzando por buen camino. Por ejemplo, si tu meta es aprobar matemáticas, piensa en qué notas necesitarás en las pruebas.

Debes pensar en una meta alcanzable: Si crees que no lo puedes conseguir, es posible que no lo consigas (profecía autocumplida). En la medida en que no creas en tus posibilidades, generarás un estado emocional poco favorable. Además, tus pensamientos serán tus "boicoteadores" para no conseguirlo. Responde: ¿Tengo los conocimientos necesarios? En caso de que no sea así: ¿Los puedo conseguir? ¿Estoy dispuesto/a a realizar el esfuerzo? ¿Tengo las habilidades necesarias? En caso de que no sea así: ¿Las puedo aprender? ¿Estoy dispuesto a realizar el esfuerzo? ¿Tengo los recursos necesarios (tiempo, dinero...)? ¿Los puedo conseguir? ¿Estoy dispuesto a realizar el esfuerzo?

Debe ser realista: Es importante que midas tus fuerzas, sé consciente de los recursos con que dispones y necesitarás para la consecución de tu meta. Es importante que sepas si esos recursos están a mano o no.

Decía Brian Tracy: "La vida de cada persona se vuelve algo grandioso cuando se fija metas en las que realmente cree, cuan-

do se puede comprometer totalmente y estar dispuesto a entregarse en cuerpo y alma para alcanzarlas".

Supera tus miedos y olvida el fracaso: Para alcanzar la superación personal, es obligatorio eliminar de tus pensamientos y vocabulario la palabra "fracaso". Existen muy pocas cosas en la vida que no puedas conseguir si te lo propones. Además, debes entender que el no haber conseguido un objetivo que te hayas propuesto no significa haber fracasado. Al contrario, puedes entenderlo como que fallar es parte del proceso de aprendizaje, pues en cada instancia aprendemos nuevos conocimientos, adquirimos mayor experiencia y sabiduría, y desarrollamos habilidades necesarias para continuar en el proceso hasta llegar al logro de una meta propuesta. Como dijo Oprah Winfrey: "No hay fracasos, solo lecciones que aprender".

En cuanto a los miedos, identifícalos e intenta superarlos: entre los miedos más comunes del ser humano encontramos el miedo al fracaso, al rechazo, al éxito y a la imperfección. La emoción del miedo es innata en nuestra filogenia, nos permite anticipar una amenaza y, en pocas palabras, sobrevivir. Es importante que los miedos sean proporcionales a la intensidad de la amenaza y dentro de un contexto determinado. También es importante considerar que los miedos son útiles para anticipar situaciones amenazantes, de acuerdo a nuestras experiencias previas o a la información que tengamos a través de las claves que nos entrega el entorno. Un miedo se vuelve patológico cuando no cumple con estas características, es decir, se presenta de manera desproporcionada a la situación amenazante ocurre en contextos no amenazantes o donde es poco probable que suceda una amenaza. En esos casos, es importante buscar ayuda a través de un especialista. En resumen, tener miedo es algo completamente natural, pero es importante no permitir que se apodere de ti y de tu vida. En ese sentido, es importante que tengas un diario y vayas apuntando tus avances; anota cuáles son tus miedos y asígnales un puntaje de uno a diez, donde diez representa la máxima intensidad de miedo y uno la mínima. Así puedes ir graduando el desarrollo de su intensidad en situaciones específicas a lo largo del tiempo. También es importante que identifiques cuál es tu miedo principal, averigua qué poder tiene y cómo se manifiesta en ti, en tu mente, en tus conductas, en tus actitudes. Tras un análisis en profundidad sobre tus miedos, puedes comenzar a entenderlos como una fuente de información de ti mismo, de la situación, es decir, benefíciate de tus miedos. En muchas ocasiones también, nuestros miedos o intentos por escapar, son señales intensas que te entrega tu organismo para darte cuenta de que existen situaciones que no puedes permitir que ocurran ya que implican un daño a tu integridad física y/o psicológica. En ese sentido, los miedos también te entregan información de cuándo es necesario poner límites.

Organiza tu tiempo: La mayoría de las personas malgastan el tiempo, dado que no tienen planes ni acciones organizados. En la vida siempre existen posibilidades de reorganizar actividades y brindarse un tiempo, aunque sea breve, para lograr poco a poco el objetivo que nos hemos planteado. Es conveniente que utilices una agenda o un planificador que te permita organizar todas tus tareas. Poder planificar incrementa tu productividad. Prioriza tus actividades, limita el tiempo que dedicas a cada una de ellas y evita las distracciones. Además, es recomendable utilizar los tiempos libres para hacer cosas valiosas que de igual forma tengan un sentido para nosotros, que nos beneficien y nos permitan utilizar otras habilidades que nos lleven a estados de tranquilidad, descanso, creatividad y esparcimiento.

La vida es cambiante: La vida puede cambiar de un día para otro, viéndonos entonces en la necesidad de afrontar situaciones inesperadas y novedosas. Ten en cuenta que es fundamental contar con la capacidad que posibilite el acomodo a los cambios que se produzcan en la vida, de modo que puedas afrontarlos de la mejor manera posible. Inicia cada día como si fuera diferente a los demás. Eso ayudará a renovarte. Es importante incorporar los avances tecnológicos y adecuar nuestras conductas y acciones a las tendencias del momento, en la medida que no transgredan nuestro sistema valórico. De igual manera, es importante destacar la importancia de la flexibilidad, debiendo modificar la mentalidad según las situaciones del tiempo presente. La flexibilidad debe ser proactiva y constante, pues es esta la que nos permite la adaptación a los cambios; el saber adaptarnos nos hará personas más evolucionadas, más maduras y más completas.

Disfruta de cada momento: Se refiere al disfrute de cada instante, viviendo cada momento con pasión y ánimo. Es importante que todas las etapas de nuestra vida las vivamos en su totalidad, pues avanzar paso a paso confiere solidez a lo que hacemos. Toma el hábito de hacer algo cada día y valora cada pequeño avance como importante. Piensa, en todo momento, de forma positiva, muéstrate optimista, aunque ello tome más tiempo (en el caso de que sientas que una situación te sobrepase, sea difícil de tolerar o aguantar), considerando que de cada experiencia logramos un nuevo aprendizaje y desarrollamos una nueva habilidad y mayor conocimiento de nosotros mismos. Al disfrutar cada momento, debes centrar tu atención en el tiempo presente, a pesar de las planificaciones a largo plazo. La vida transcurre en el tiempo presente, dado que es ahí donde se da lugar a los cambios y realizamos las acciones necesarias para que ellos se materialicen.

Mide tu progreso: La superación personal radica en mejorar paulatinamente. No te compares con otros, puedes usarlos como referencia, pero nunca intentes igualarte a ellos, pues cada ser humano es un universo en su interior, tiene diferentes historias de vida, valores, distintas personalidades, motivaciones, etc. De esta manera, podrás permitir que tus cualidades individuales se desarrollen con las características que te definen como persona. Mira los progresos que haces cada día de la semana, verás cómo vas avanzando. Tómalos como una gran victoria. Cada día conseguirás retos mayores, lo que se convertirá en el camino hacia la verdadera superación. Debemos centrarnos en ser mejores cada día, pero mejores con relación a nosotros mismos, pues esto nos garantizará un crecimiento sostenido. Enfócate en tu propia vida, en tus propios éxitos y logros, aprende a admirarte y estímate. Da lo mejor de ti y sorpréndete con el resultado de haber afrontado nuevos retos, así como de reconocer que hoy eres una persona distinta a la de ayer, lo que agrega valor.

Sé perseverante: La perseverancia significa ser constante, esforzarse, tener fuerza de voluntad y determinación; es un esfuerzo continuo que supone alcanzar lo que se propone y buscar soluciones a las dificultades que puedan surgir, un valor fundamental en la vida para obtener resultados óptimos. Nunca te des por vencido, lucha cada día con fuerza y valora cada logro, por muy pequeño que pudiera considerarse para otros. Estos son peldaños de una escalera que se irá construyendo paso a paso en la medida de que, con perseverancia, vayas logrando cada meta que te propongas. Las personas perseverantes son aquellas que, a pesar de los errores, fracasos y obstáculos que se interpongan en el camino entre su objetivo y la meta a alcanzar, continúan trabajando para lograr lo que quieren, siempre con una buena dosis de esfuerzo personal y de la estimulación constante que les permite, progresivamente, autosuperarse. Uno de los inconvenientes más frecuentes que encuentran en el proceso de superación personal es que nos rendimos a la hora de intentar nuestros objetivos fácilmente. Pero puedes considerar este momento como un descanso que te permitirá reflexionar sobre cuáles son los cambios y los pasos a seguir para perfeccionar el camino que te has trazado para el logro de la meta. La perseverancia brindará a las personas madurez, estabilidad y confianza en sí mismas. Nunca te des por vencido y lograrás lo que te propones.

Nada es imposible de alcanzar: Hemos de ser conscientes y confiar en que, si hay algo que queremos conseguir y está dentro de lo humanamente posible, lo podremos lograr. Hay que pensar que somos capaces de hacer realidad nuestras metas y luchar por ello. Mientras conserves la ilusión y la motivación, nada es imposible. El secreto está en tu mente, en pensar positivamente, en entregarle un significado positivo a situaciones negativas (con el tiempo, después de haber transcurrido un proceso de sanación). Di adiós al "no puedo" y "es imposible", y empieza a creer en ti.

Busca y selecciona a las personas más adecuadas para compartir tu vida: Las personas que nos rodean nos afectan más de lo que pensamos. La superación personal requiere de una actitud positiva y optimista, por lo cual es importante rodearte de personas que presenten una actitud similar, con el fin de que te hagan la vida más fácil y no provoquen conflictos innecesarios o malentendidos por tener distintas creencias frente a ciertas situaciones. La gente negativa transmite negativismo o influye mentalmente de manera negativa en cuanto a la percepción de distintas situaciones. Relaciónate con personas que te complementen o ayuden a lograr tus metas. Las relaciones deben ayudarte, no hacerte daño. Rodéate de quienes reflejen lo que te gustaría ser o hacer a ti. Personas que admires o que también te admiren, que respetes y que te respeten.

Karl Marx dijo: "Rodéate de las personas que te hacen feliz, las personas que te hacen reír, que te ayudan cuando lo necesitas. Las personas que realmente se preocupan. Ellos son los que vale la pena tener en tu vida, todos los demás están de paso".

EJERCICIOS PARA
LA SUPERACIÓN PERSONAL

Refuerza las creencias de tus capacidades

Anota una lista de tus talentos

¿Qué es aquello en lo que destacas naturalmente? ¿Cuándo hablas, de que tema la gente se te quedas escuchando todo el tiempo? ¿Qué es aquello logras hacer que se te da bien

—

—

—

—

—

Tus valores más importantes

¿Qué es lo que más valoras en tu vida? ¿en qué más crees?

—

—

—

—

Tus tres metas más importantes en tu vida

Cuando te pregunto esto, ¿qué es lo primero que te viene a la cabeza?

—

—

—

—

—

Solo te quedan 6 meses de vida

¿Qué harías? ¿Qué dejarías de hacer?

—

—

—

—

—

Lista de logros en la vida

¿Qué capacidades aplicaste, qué habilidades desarrollaste en cada experiencia?

—

—

—

—

—

Haz un listado de avances diarios

Puedes utilizar una agenda o un calendario.

LA RESILIENCIA

Tres reglas básicas:
En el caos está la sencillez.
En el Conflicto está la armonía.
En el medio de la dificultad, está la oportunidad.

Albert Einstein

El término **resiliencia** aparece por primera vez en los estudios de psicología de Werner y Smith. Es una metáfora de un fenómeno mensurable en física que se refiere a la capacidad de un cuerpo para resistir sin ruptura como resultado de un estrés mecánico externo repentino o duradero. Un resultado similar se encuentra en otras disciplinas como la biología, donde se refiere a la capacidad para auto repararse después de un daño, y en ecología, donde se relaciona con la cantidad de variabilidad de factores que posee un ecosistema, determinando la capacidad de las especies para sobrevivir. Este término, utilizado por otras ciencias, también se emplea en psicología para indicar la capacidad de un individuo para soportar los impactos de la vida, sin romperse o sufrir daños morales, manteniendo y mejorando sus recursos personales y sociales. Se trata de la capacidad de hacer frente a los eventos estresantes, superarlos y continuar desarrollándose mediante el aumento de los recursos propios, con una consecuente reorganización positiva de la vida.

Richardson sostiene que las cualidades resilientes están presentes en medida diversa desde el nacimiento, pero al mismo tiempo pueden ser potenciadas durante la vida. Por lo tanto, la resiliencia tendría una doble naturaleza: de rasgo disposicional y de proceso.

Con el fin de organizar las numerosas cualidades de la resiliencia, Burns identifica cuatro macro áreas relacionadas con la autonomía, la capacidad de resolución de problemas, las habilidades sociales y las intenciones futuras.

En el ámbito de la autonomía se incluyen:

- **Autoestima:** Valoración que una persona tiene de sí misma (puede ser más bien positiva o negativa).

- **Autoeficacia:** Grado de seguridad en la capacidad de resolver problemas, seguridad que proviene del conocimiento de las fortalezas y debilidades de la persona.

- **Locus de control interno:** Tendencia a interpretar los resultados y efectos de las acciones de la persona como determinados por su propio comportamiento y no por fuerzas externas. Entendiendo un funcionamiento flexible que también puede movilizarse al locus de control externo, pero esta tendencia se utiliza con la finalidad de reconocer el grado de responsabilidad personal en cada situación, lo que favorece también el proceso de planificación y de la acción.

- **Independencia:** Ser capaz de actuar según los propios valores y objetivos sin estar condicionado por la aceptación y el juicio de los demás.

- **Motivación:** Se refiere a la idea de poder encontrar el impulso para actuar en los recursos internos y externos.

- **Esperanza:** Tendencia a pensar que ciertos acontecimientos son manejables, y por lo tanto, orientarse a resultados positivos gracias al propio compromiso personal activo, y que la imprevisibilidad que uno puede encontrar durante su vida puede aportar innovación y efectos positivos en el futuro.

En el ámbito de la resolución de problemas se incluyen:

- **Pensamiento crítico:** Capacidad de observar la realidad social identificando los posibles obstáculos y recursos, así como analizando los aspectos positivos o negativos de la propia personalidad, estableciendo la viabilidad de los propios objetivos y reconociendo la funcionalidad o disfuncionalidad de ciertos comportamientos.

- **Pensamiento creativo:** Capacidad de producir nuevas ideas y puntos de vista, así como tener buenas habilidades intuitivas e imaginativas.

- **Planificación:** no se trata solo de identificar y establecer objetivos, sino también y sobre todo de saber identificar las estrategias adecuadas para lograrlos.

- **Capacidad de producir cambios:** Visión de futuro y capacidad de captar las señales del entorno para realizar cambios en él o en uno mismo.

En el ámbito de las habilidades sociales se incluyen:

- **Responsabilidad:** Ser activo en la comunidad, participar y asumir las consecuencias de sus acciones.

- **Flexibilidad:** Saber modificar la estrategia de acuerdo con las señales entregadas, poder adaptarse a los cambios repentinos y negociar sin evasivas.

- **Empatía:** Ponerse en contacto con las emociones del otro y comprenderlas racionalmente, lo que favorece construir relaciones cercanas y seguras con otros. También esta habilidad permite entregar y recibir apoyo social.

- **Habilidades comunicativas:** Capacidad de relacionarse con el otro, escuchar de forma participativa, ser asertivo y considerar y comprender las emociones y sentimientos de los demás.

- **Sentido del humor:** Capacidad de mantener una sonrisa ante la adversidad.

En el ámbito de los propósitos y futuro se incluyen:

- **Claridad en los objetivos y metas:** Tener consciencia de los objetivos que se quieren alcanzar en base a las propias potencialidades y deseos.

- **Éxito:** Lograr buenos resultados en el cumplimiento de compromisos.

- **Aspiraciones formativas:** Aumentar los conocimientos y las competencias.

- **Grandes esperanzas:** Expectativas realistas de los logros de los proyectos.

- **Tenacidad:** Persistencia en los compromisos.

- **Esperanza:** Confianza en el futuro y entusiasmo.

- **Coherencia:** Coherencia en las elecciones y operaciones y búsqueda de sentido y significado en la vida.

ESTILOS EXPLICATIVOS

La teoría planteada por Buchanan y Seligman sostiene que las personas tienen una tendencia o disposición relativamente estable a realizar un tipo particular de atribuciones en un amplio rango de situaciones y dominios distintos. El estilo explicativo se desarrolla durante la infancia a través de tres posibles influencias: el estilo explicativo de la madre, la crítica de los adultos y la crisis de la vida. Luego, tiene un efecto considerable en la vida adulta: puede producir depresión en presencia de pequeños contratiempos cotidianos o resiliencia incluso ante una tragedia. Puede impedir el alcanzar los objetivos o superarlos. Seligman plantea que existe uno explicativo optimista y otro explicativo pesimista.

- Estilo explicativo optimista: Estas personas perciben los eventos negativos como situaciones pasajeras, específicas y externas. Por otro lado, perciben los eventos positivos como causas permanentes, universales e internas.

- Estilo explicativo pesimista: Las personas con tendencia a funcionar desde este estilo, perciben los eventos negativos como permanentes, universales y provocados por causas internas.

Según Seligman, el optimismo es posible de aprender, por lo tanto, también los pesimistas pueden transformarse en optimistas. Todos (incluidos los extremadamente optimistas o extremadamente pesimistas) experimentan, en mayor o menor grado, ambos estados, utilizando ambos estilos explicativos, dependiendo de los tiempos y circunstancias.

- **Estilo explicativo y los niveles de estrés:** La forma en que percibimos el mundo afecta nuestra experiencia con el estrés. Cada uno de estos estilos explicativos es la muestra de ello.

Como habrás notado, cada estilo explicativo tiene su contraparte. Aquellos extremos más positivos disminuyen la posibilidad de percibir como grave lo que te sucede. Pensar que aquello que te disgusta es temporal, que no es necesariamente tu responsabilidad o que no se repetirá es válido y sano para vivir con menos niveles de estrés. Los estilos explicativos que están más cerca del extremo negativo pueden agravar estados anímicos y hacerlos perdurables, incluso hasta llevarlos a síntomas de depresión. No se trata de que la vida "sea color de rosas" de ahora en adelante ni de que debas fingir que amas tu trabajo para ser más optimista. Se trata de comprender que lo que te dices puede hacer parecer más grave algo de lo que realmente es. Diversos estudios demuestran que los estilos explicativos considerados negativos influyen en la lenta recuperación después de cirugías o enfermedades.

EL BIENESTAR PSICOLÓGICO

Los conceptos de salud y bienestar han estado estrechamente vinculados desde que la Organización Mundial de la Salud (OMS) definió el concepto de salud en 1946 como: "Estado de completo bienestar físico, mental y social y no simplemente la ausencia de enfermedad o discapacidad". El bienestar es un constructo que describe la presencia de un funcionamiento y una experiencia óptimos. El objetivo final del ser humano sería la realización de su propio potencial, a fin de encontrar un propósito en la vida y sentir que su vida tiene sentido. El bienestar psicológico está compuesto por seis elementos clave en interacción:

- **Autonomía:** Capacidad de ser autónomo e independiente en las elecciones de la vida, basando las propias elecciones y evaluaciones en criterios personales y no en presiones externas.

- **Propósito en la vida:** Sensación propia de tener un propósito preciso, lo que dota a la experiencia de significado y dirección.

- **Gestión ambiental:** Capacidad para participar activamente en la gestión del medio ambiente en que se vive, creando un entorno adecuado para sus características y gestionando cambios o dificultades.

- **Crecimiento personal:** Proceso dinámico de cambio continuo para permitir el desarrollo y autorrealización de la persona.

- **Relaciones positivas:** Capacidad de sentir afecto, amor, confianza y empatía hacia los demás, estableciendo relaciones profundas y logrando un buen nivel de intimidad.

- **Autoaceptación:** Importancia de conocerse para lograr una evaluación positiva de sí, más allá de la autoestima, y conocer los propios límites y fortalezas.

¿Cómo sabemos que nos encontramos en un estado de bienestar psicológico?

Cuando somos capaces de afrontar la vida con serenidad, enfrentar las dificultades y el sufrimiento manteniendo una actitud positiva hacia nosotros y los demás.

EJERCICIOS PARA AUMENTAR TU BIENESTAR Y DESARROLLAR UNA AUTOESTIMA POSITIVA

TRES COSAS BUENAS

Durante al menos una semana, escribe tres cosas que hayan salido bien en ese día y da una explicación de por qué. Es necesario crear una memoria física de tus cosas positivas escribiéndolas. Las situaciones pueden ser relativamente insignificantes o bastante importantes. La idea es incorporar este ejercicio a la rutina diaria. Puede ser útil escribir al finalizar el día.

Pasos a seguir:

- Ponerle un título al evento (por ejemplo: me felicitaron en el trabajo).

- Describe exactamente y con el mayor número de detalles lo que ha sucedido, lo que has dicho o hecho y lo que han dicho o hecho los demás, si había otras personas presentes.

- Anota cómo este evento te ha hecho sentir en el momento y cómo te ha hecho sentir después (incluido ahora mientras lo estás recordando).

- Explica qué piensas que ha causado este evento y cómo ha podido suceder.

- Usa el estilo de escritura que te guste, sin preocuparte por la gramática y la ortografía, e incluye todos los detalles que quieras.

- Si te encuentras concentrándote en sentimientos negativos, cambia el foco de atención y piensa en el evento bueno y en las emociones positivas que lo han acompañado. Esto puede requerir un pequeño esfuerzo, pero con la práctica resulta más fácil y puede tener un efecto significativo en cómo te sientes y enfrentas cada situación en la vida.

¿Por qué funciona?

Esta práctica te enseña a recordar las cosas bonitas de la vida, redirige el foco de atención hacia los aspectos positivos de cada experiencia, potencia las emociones de ilusión, refuerza la confianza de poder cambiar los eventos para bien de manera positiva y constructiva. Puedes conectar con las fuentes de la bondad en tu vida.

ESCUCHAR LA VERDAD

Con frecuencia, oímos a otra persona durante una conversación, sin escucharla verdaderamente. De este modo, perdemos la oportunidad de establecer una relación significativa. Este ejercicio nos ayuda a expresar un interés activo por lo que la otra persona tiene que decir y a hacer que se sienta escuchada. Es una forma de fomentar la empatía y fortalecer la relación. Esta técnica es especialmente útil en conversaciones difíciles, como discusiones con la pareja o amigos, y también para expresar apoyo. Investigaciones sugieren que el uso de esta técnica puede ayudar a las personas a sentirse mejor, más comprendidas, importantes, validadas en sus sentimientos, y puede mejorar el nivel de satisfacción en las relaciones.

Instrucciones:

- **Parafrasear:** Cuando la otra persona ha terminado de expresar un pensamiento, repite lo que ha dicho para confirmar que has entendido y demostrar que estás prestando atención.

- **Hacer preguntas:** En los momentos oportunos, haz preguntas para animar a la otra persona a elaborar sus pensamientos y sentimientos; evita llegar rápido a las conclusiones sobre el significado de lo que está diciendo. Más bien haz preguntas para aclarar el significado de la conversación, por ejemplo. ¿Cuándo dices…? Significa…?

- **Expresar empatía:** Si la otra persona expresa sentimientos negativos, procura convalidarlos en lugar de cuestionarlos o defenderte. Por ejemplo, si tu interlocutor expresa frustración, considera el motivo por el cual puede sentirse así, independiente de cómo pienses sobre sus sentimientos. Puedes expresar empatía respondiendo, por ejemplo: "Siento que estés frustrado", o también: "Puedo entender cómo esta situación te causa frustración". Eso calmará a la otra persona, la hará sentirse comprendida y bajará su resistencia, tendrá mayor apertura al diálogo y a la comprensión.

- **Usar un lenguaje corporal que exprese presencia:** Demuestra que eres partícipe en la conversación y te encuentras interesado en el tema, estableciendo un lenguaje corporal abierto y relajado. Evita dejarte distraer por el ambiente alrededor o hacer otra cosa.

- **Evitar juzgar:** Tu objetivo es entender el punto de vista de la otra persona y aceptarlo, aunque no estés de acuerdo. Intenta no interrumpir con una contraargumentación y evita preparar mentalmente objeciones mientras la otra persona está todavía hablando.

- **Evitar dar consejos:** La resolución de los problemas es más eficaz después de que los dos interlocutores han entendido el punto de vista del otro y se sienten escuchados. Empezar demasiado pronto a dar consejos puede ser contraproducente. Antes de darlos, enfoca la situación desde la humildad, desde el no saber, preguntándole a la otra persona cuáles fueron los motivos que causaron su problema, qué contexto existía en aquel momento que la llevaron a actuar así.

- **Esperar el turno:** Después de que la otra persona ha tenido la oportunidad de hablar, puedes preguntar si puedes compartir tu punto de vista. Mientras lo haces, empieza las frases con: "Yo, cuando me siento…" o: "Cuando me pasa algo parecido, siento que no me echas una mano", etc. También, puedes comenzar diciendo: "Sé que has tenido mucho que hacer últimamente y no es tu intención dejar las cosas sin hacer", o: "Me había dado cuenta de que había algo que te afectaba y sentía que no estabas bien".

¿Por qué funciona?

La escucha activa ayuda a comprender mejor la perspectiva de los demás, a los interlocutores les ayuda a sentirse comprendidos. También ayuda a evitar conflictos en la comunicación y elimina los sentimientos heridos de ambas partes.

ACTOS CASUALES DE BONDAD

Todos nosotros realizamos actos de bondad durante nuestra vida. Estos pueden ser grandes o pequeños, y los beneficios a veces pasan desapercibidos, pero pueden tener efectos muy intensos tanto para el que los recibe como quien los realiza. Este ejercicio te pide hacer cinco cosas amables en un día, tanto para promover la bondad en el mundo, como para cultivar la felicidad en ti y los demás.

Instrucciones:

- Un día a la semana, realiza cinco actos de bondad. Con el tiempo, puedes ir aumentando la frecuencia hasta llegar a realizar cinco actos de bondad al día.

- Estos actos no deben ser para la misma persona, y la persona ni siquiera debe ser consciente de ellos. Por ejemplo: donar sangre, ayudar a un amigo con un trabajo, o proporcionar comida a una persona necesitada.

- Después de cada acto, toma nota de lo que hiciste en al menos una o dos frases, y para aumentar tu felicidad, escribe cómo te hizo sentir.

¿Por qué funciona?

Estas prácticas te hacen pensar bien de ti, te ayudan a estar más atento a las interacciones sociales positivas. También pueden ayudar a desarrollar tus actitudes disponibles o tendencias prosociales hacia los demás. Las pruebas sugieren que la variedad es importante, posiblemente porque los actos cuando son repetitivos empiezan a parecer menos especiales cuanto más rutinarios se vuelven.

CARTA DE AUTOCOMPASIÓN

Te invito a escribir una carta para ti, expresando compasión por un aspecto que no te gusta. Las investigaciones sugieren que las personas que responden con compasión a sus propias faltas y reveses, en lugar de sentirse culpables por ellas, experimentan una mayor salud física y mental.

Pasos a seguir:

- Identifica algo de ti que te haga sentir avergonzado, inseguro o que sientes que no estás a la altura. Puede ser algo relacionado con tu personalidad, comportamiento, habilidades, relaciones u otra parte de tu vida.

- Una vez que identifiques algo, escríbelo y describe cómo te hace sentir: ¿Triste? ¿Avergonzado? ¿Enfadado? Intenta ser lo más honesto posible, teniendo en cuenta que solo tú puedes ver lo que escribes.

- El siguiente paso es escribir una carta para ti expresando compasión, comprensión y aceptación de esa parte de ti que no te gusta.

Mientras escribes, sigue estas pautas:

- Imagina que hay algo que te ama y acepta incondicionalmente por lo que eres (una persona, Dios, algo o alguien que represente esa figura). ¿Qué diría esa persona sobre esa parte de ti?

- Recuerda que todo el mundo tiene cosas que no le gustan de sí, y que nadie está libre de defectos. Piensa en cuánta gente en el mundo está luchando con lo mismo que tú.

- Considera las formas en que los eventos en tu vida, el ambiente familiar en que creciste, incluso tus genes o aprendizajes de otros significativos pueden haber contribuido al desarrollo de este aspecto en ti.

- De manera compasiva, pregúntate si hay cosas que puedes hacer para mejorar o abordar mejor esta desventaja. Concéntrate en los cambios constructivos que podrías hacer para sentirte más feliz, más sano y satisfecho, y evita juzgarte a ti.

- Después de que escribas esta carta, déjala a un lado por un tiempo. Luego de un tiempo, reléela. Puede ser especialmente útil cuando tengas pensamientos negativos sobre esta parte de ti, como un recordatorio de ser más autocompasivo.

¿Por qué funciona?

Escribir de forma compasiva puede ayudarte a reemplazar tu voz crítica por una más comprensiva que te reconforte y tranquilice en lugar de culparte por tus defectos. Ayuda a aceptarte a ti y a mejorar con amor. Mientras más escribas de esta manera, más familiar y natural sonará esta voz autocompasiva. Hacer esto también hará más fácil recordarte que te trates bien cuando te sientas deprimido.

LO MEJOR DE TI

Este ejercicio te invita a imaginar la mejor vida posible y luego escribir sobre ese ideal. La investigación ha demostrado que el optimismo sobre el futuro aumenta la felicidad y motiva a las personas a trabajar por lo que desean.

Instrucciones:

- Tómate un momento para imaginar tu vida en el futuro. ¿Cuál es la mejor vida que puedes imaginar? Considera todas las áreas relevantes de tu vida, como tu carrera, estudios, trabajo, relaciones, pasatiempos y/o salud. ¿Qué sucedería en estas áreas en tu futuro ideal?

- Durante los próximos 15 minutos, escribe continuamente sobre lo que imaginas que es el mejor futuro posible.

Utiliza las instrucciones a continuación para ayudarte en este proceso:

- Concéntrate en el futuro y en imaginar uno donde eres la mejor versión de ti.

- Sé muy específico en tus descripciones. Por ejemplo, si piensas en tener una nueva pareja o un nuevo amigo, describe cómo interactúan contigo, qué pueden hacer juntos, etc. Si imaginas una mejor relación con alguien que está en tu vida, piensa y escribe exactamente qué sería diferente.

- Usa tu creatividad e imaginación libremente, y no te preocupes por la gramática y la ortografía.

  ¿Por qué funciona?

  Las personas que han completado este ejercicio diariamente durante dos semanas han mostrado un aumento de las emociones positivas. Los participantes que continuaron haciendo el ejercicio incluso después de la finalización del período siguieron mostrando aumentos en los estados de ánimo positivos hasta un mes más tarde.

  Pensar en tu mejor futuro posible te puede ayudar a aprender más sobre ti y lo que quieres en la vida. Esta forma de pensar puede ayudarte a reestructurar tus prioridades en la vida para lograr tus objetivos y aumentar tu sentido de control al destacar lo que necesitas hacer para lograr tus sueños.

DIARIO DE LA GRATITUD

En este ejercicio, deberás escribir algunas cosas por las que estás agradecido. Las investigaciones sugieren que las personas que sienten gratitud por las cosas buenas de su vida, tanto grandes como pequeñas, pueden disfrutar de una mejor salud y una mayor felicidad. La mayoría de nosotros damos por sentado estas cosas positivas, pero los estudios indican que centrarse en ellas y ser conscientes de ellas puede crear una actitud de gratitud en pocas semanas.

Instrucciones:

- Escribe día a día hasta cinco cosas por las que estás agradecido. Es importante describir lo que se siente (no hacer el ejercicio solo mentalmente). Las cosas de la lista pueden ser relevantes, pequeñas o sin importancia. El objetivo es recordar un evento, una experiencia, una persona o una cosa positiva en tu vida y luego disfrutar de las hermosas emociones que la acompañan.

Al escribir, ten en cuenta estos consejos importantes:

- Sé lo más específico posible. Por ejemplo: "Estoy agradecido porque mis amigos me trajeron sopa cuando estaba enfermo" será más efectivo que "estoy agradecido con mis amigos".

- Apunta a la profundidad en lugar de la generalidad. Elaborar los detalles de una persona o cosa en particular por la que estás agradecido aporta más beneficios que tener una lista superficial de cosas.

- Hazlo personal. Enfocarse en las personas por las que estás agradecido tiene más efecto que enfocarse en las cosas por las que estás agradecido.

- Intenta restar y no solo sumar. Considera cómo sería tu vida sin ciertas personas o cosas, en lugar de hacer una lista de todas las cosas buenas.

- Mira las cosas buenas como "regalos". Pensar en las cosas buenas de tu vida como regalos te ayuda a no darlas por sentado. Intenta probar y disfrutar de los regalos que has recibido.

- Disfruta de las sorpresas. Registra los eventos que fueron inesperados y sorprendentes, ya que eso tiende a elevar los niveles de gratitud.

- Revisa si repites. Escribir sobre algunas personas o cosas está bien, pero trata de centrarte en diferentes aspectos cuando mires los detalles.

- Escribe regularmente. Comprométete a escribir en el diario a una hora regular, ya sea cada dos días o una vez a la semana, y mantén este compromiso.

- No exageres. Es más beneficioso escribir en el diario ocasionalmente (no todos los días de la semana), ya que adaptarse a los eventos positivos puede hacernos insensibles a ellos, lo que nos ayuda a disfrutar de las sorpresas.

¿Por qué funciona?

Con el paso de las semanas, aumentan las experiencias internas de estados positivos, de optimismo hacia el futuro y de gratitud. Aunque es importante analizar los eventos negativos y aprender de ellos, a veces podemos pensar demasiado en lo que nos va mal y no lo suficiente en lo que va bien en nuestras vidas. Un diario de gratitud nos ayuda a prestar atención a las cosas positivas de la vida que a menudo damos por sentadas, lo que nos enseña a sintonizar más con las fuentes de placer y a conectar emocionalmente para cambiar de manera positiva nuestra vida.

CARTA DE GRATITUD

Sentir gratitud puede mejorar la salud y la felicidad, y expresar gratitud también hace que las relaciones sean más fuertes. Pero a veces las expresiones de gratitud pueden ser fugaces y superficiales. Este ejercicio te anima a expresarla de forma deliberada y reflexiva escribiendo y, preferiblemente, entregando una carta de agradecimiento a una persona a la que nunca has dado las gracias adecuadamente.

Instrucciones:

- Recuerda a una persona que ha hecho algo por ti por lo que estás agradecido, pero a la que nunca has expresado tu profunda gratitud. Podría ser un pariente, un amigo, un profesor o un compañero. Intenta elegir a alguien que aún esté vivo y a quien puedas encontrar en persona.

Escribe una carta a esta persona siguiendo estos pasos:

- Escribe como si estuvieras hablando directamente con esta persona (Querido/a...).

- No te preocupes por la gramática o la ortografía perfecta.

- Describe en términos específicos lo que esta persona ha hecho por lo que le estás agradeciendo y cómo su comportamiento ha afectado tu vida. Trata de ser lo más concreto posible.

- Describe lo que estás haciendo en tu vida ahora mismo y cómo recuerdas a menudo sus esfuerzos.

- Intenta limitar tu carta a una página (aproximadamente 300 palabras).

Intenta, si es posible, entregar tu carta en persona siguiendo estos pasos:

- Programa una visita con el destinatario sin revelar el verdadero motivo de la cita.

- Cuando se encuentren, haz saber a la persona que le estás muy agradecido y que querrías leerle una carta para expresarle tu gratitud. Pídele que no te interrumpa hasta que hayas terminado de leer.

- Tómate todo el tiempo que necesites para leerla, prestando atención tanto a la reacción de la otra persona como a la tuya.

- Después de leerla, muéstrate receptivo a las reacciones del otro y comenta vuestros sentimientos juntos.

- Recuerda darle la carta a la persona cuando te vayas.

- Si la distancia física te impide visitar a la persona, puedes optar por hacer una reunión por teléfono o video.

¿Por qué funciona?

La carta afirma las cosas buenas de tu vida y te recuerda cómo te han cuidado los demás. La vida parece mucho menos triste y solitaria si alguien ha mostrado interés en nosotros y nos ha apoyado. Ir a ver a esta persona te permite fortalecer tu conexión con ella y recordar la forma en que los demás te valoran como persona.

¿SABÍAS QUE RECORDAR EXPERIENCIAS POSITIVAS AYUDA A SENTIRNOS MEJOR?

Utilizando ejercicios de imaginería en estado de relajación, acompañándote de una música agradable para tus sentidos, puedes activar recuerdos de tu memoria a largo plazo asociados a experiencias agradables donde te sentías física y emocionalmente muy bien.

Instrucciones:

- Encuentra un lugar tranquilo donde puedas relajarte sin distracciones.

- Escoge una música suave y relajante que te ayude a relajarte.

- Cierra los ojos y comienza a respirar de manera profunda y lenta, sintiendo cómo tu cuerpo se relaja con cada inhalación y exhalación.

- Visualiza un lugar o una situación en que te hayas sentido extremadamente feliz y relajado en el pasado. Puede ser una playa, un bosque, un momento con amigos o familiares, etc.

- Una vez que tengas la imagen clara en tu mente, trata de revivir esa experiencia lo más vívidamente posible. Recuerda cómo te sentías, qué veías, qué oías, qué olías y qué saboreabas en ese momento.

- Permite que las emociones positivas asociadas con ese recuerdo fluyan a través de ti. Siéntelas en tu cuerpo y disfrútalas plenamente.

- Después de unos minutos, regresa lentamente a la realidad, manteniendo esa sensación de bienestar contigo.

Reflexión:

Después de completar el ejercicio, reflexiona sobre las experiencias que vinieron a tu mente, las emociones que activaste y su intensidad. Piensa si había otras personas presentes en esos recuerdos y por qué tu mente eligió esa experiencia como significativa. Considera qué sentido tiene para ti ese momento, qué aprendiste y cómo puedes usar esa u otros para mejorar tu estado emocional en el presente y tener una perspectiva más positiva en la vida.

Tómate unos segundos y escribe aquí tus reflexiones:

____

____

____

____

____

____

____

____

____

____

____

La vida es como una montaña rusa, tiene sus altos y bajos. Tú eliges si te asustas o disfrutas del viaje.

Es natural sentirse asustado al principio cuando nos toca vivir momentos bajos. No es fácil lidiar con tantas cosas al mismo tiempo, como el trabajo, la familia y los estudios.

No solo es importante disfrutar de la vida cuando estamos en la cima, sino también cuando estamos abajo. En esos momentos más debemos buscar el lado positivo de las cosas. Es el momento de reflexionar sobre por qué estamos donde estamos. No es malo pasar por momentos difíciles; al contrario, nos permite valorar mucho más cuando estamos en la cima. En esos momentos descubrimos lo mucho que hemos avanzado y luchado.

Cada desafío nos deja una experiencia y una habilidad aprendida que otras personas que no han pasado por lo mismo no tendrían. Por lo tanto, con el tiempo y trabajo personal, podremos superar las experiencias desagradables o dolorosas y salir fortalecidos.

CAPÍTULO 3

LAS EMOCIONES

Son tus emociones las que asignan valor a tu experiencia.

Anónimo

Las emociones son inherentes al ser humano y se clasifican en positivas y negativas, según contribuyan al bienestar o al malestar. No obstante, todas las emociones, tanto positivas como negativas, cumplen funciones esenciales en nuestra vida. Todas son válidas; no existen emociones buenas o malas, sino que son formas de energía, y la única energía negativa es la que se estanca. Por esta razón, es fundamental expresar las emociones negativas retenidas, ya que pueden desencadenar problemas mayores si no se gestionan adecuadamente.

Según Izard (1991), para que una emoción se considere básica debe cumplir con ciertos requisitos:

- Tener un sustrato neural específico y distintivo.

- Poseer una expresión o configuración facial característica.

- Contar con sentimientos específicos y distintivos.

- Derivar de procesos biológicos evolutivos.

- Manifestar propiedades motivacionales y organizativas que favorezcan la adaptación.

Estas emociones han jugado un papel esencial en la adaptación del ser humano a su entorno, facilitando la supervivencia y la procreación. Son universales, presentes en todas las culturas y desde el nacimiento. Perduran a lo largo del tiempo, se contagian (como cuando el ver a alguien reír nos induce alegría) y provocan reacciones biológicas involuntarias en el organismo. Algunos autores las consideran sistemas motivacionales primarios.

Paul Ekman (1979), pionero en el estudio de las emociones y su expresión facial, identificó seis emociones básicas que son prácticamente universales: miedo, tristeza, ira, alegría, sorpresa y asco. Daniel Goleman (1995), reconocido por su obra "Inteligencia Emocional", también identificó estas seis emociones básicas, aunque él se refiere a la alegría como felicidad y al asco como aversión.

MIEDO

Características:

El miedo y la ansiedad son emociones que han sido ampliamente estudiadas, y en torno a las cuales se han desarrollado numerosas técnicas de intervención desde diversas perspectivas psicológicas. En los trastornos de ansiedad, el componente patológico se relaciona con una reacción de miedo desmedida e inapropiada, lo que puede derivar en trastornos mentales, conductuales, emocionales y psicosomáticos. La diferencia entre ansiedad y miedo radica en que el miedo responde a un peligro real y la intensidad de la reacción es proporcional a ese peligro, mientras que la ansiedad es una reacción desproporcionada en relación con la supuesta peligrosidad del estímulo.

Instigadores:

- Situaciones potencialmente peligrosas o estímulos condicionados que provocan una respuesta de miedo.
- Situaciones novedosas y misteriosas, especialmente en niños.
- Dolor y la anticipación del dolor.
- Pérdida de apoyo o cambios repentinos en la estimulación.

Actividad fisiológica:

- Aceleración de la frecuencia cardíaca, incremento de la conductancia y de las fluctuaciones.

Procesos cognitivos implicados:

- Valoración primaria: amenaza.
- Valoración secundaria: falta de estrategias de afrontamiento.
- Reducción de la eficacia de los procesos cognitivos, con una focalización casi exclusiva en el estímulo temido.

Función:

- Facilitar respuestas de escape o evitación ante situaciones peligrosas.

- Movilizar gran cantidad de energía, permitiendo al organismo reaccionar de manera más intensa que en condiciones normales.

Experiencia subjetiva:

- Sensación de aprensión, desasosiego y malestar.

- Preocupación por la propia seguridad y sensación de pérdida de control.

TRISTEZA

Características:

Aunque la tristeza se considera tradicionalmente como una emoción displacentera, no siempre es negativa. Existe una gran variabilidad cultural en su expresión y algunas culturas ni siquiera tienen una palabra específica para definirla.

Instigadores:

- Separación física o psicológica, pérdida o fracaso.

- Decepción, especialmente cuando se han desvanecido esperanzas.

- Situaciones de indefensión, ausencia de predicción y control.

- Dolor crónico.

Actividad fisiológica:

- Actividad neurológica elevada y sostenida.

- Ligero aumento en la frecuencia cardíaca, presión arterial y resistencia eléctrica de la piel.

Procesos cognitivos implicados:

- Valoración de pérdida o daño irreparable.

- Focalización en las consecuencias internas de la situación.

Función:

- Favorecer la cohesión con otras personas que se encuentran en la misma situación.

- Disminuir el ritmo de actividad y fomentar la reflexión sobre otros aspectos de la vida.

- Facilitar la comunicación de malestar, lo que puede generar empatía y apoyo por parte de los demás.

Experiencia subjetiva:

- Desánimo, melancolía y desaliento.

- Sensación de pérdida de energía.

SORPRESA

Características:

La sorpresa es una reacción emocional neutra que se produce de forma inmediata ante una situación novedosa o extraña, y se desvanece rápidamente, dejando paso a otras emociones más congruentes con la situación.

Instigadores:

- Estímulos novedosos, acontecimientos inesperados.

- Aumento brusco de la estimulación.

- Interrupción de la actividad que se está realizando.

Actividad fisiológica:

- Disminución de la frecuencia cardíaca.

- Incremento momentáneo de la actividad neuronal.

- Procesos cognitivos implicados:

- Atención y memoria de trabajo dedicadas a procesar la información novedosa.

Función:

- Facilitar la aparición de la reacción emocional y conductual apropiada ante situaciones novedosas.

- Dirigir los procesos cognitivos hacia la situación presentada.

Experiencia subjetiva:

- Sensación transitoria de incertidumbre.

- Reacción afectiva indefinida, generalmente menos intensa que la felicidad, pero más agradable que emociones como la ira, tristeza o miedo.

ASCO

Características:

El asco es una de las reacciones emocionales en las que las sensaciones fisiológicas son más patentes. La mayoría de las reacciones de asco se generan por condicionamiento interoceptivo y están relacionadas con trastornos del comportamiento como la anorexia y la bulimia.

Instigadores:

- Estímulos desagradables, especialmente aquellos relacionados con químicos potencialmente peligrosos.

- Estímulos condicionados aversivamente, como ciertos olores o sabores.

Actividad fisiológica:

- Aumento en la reactividad gastrointestinal y tensión muscular.

Función:

- Generar respuestas de escape o evitación ante situaciones desagradables o potencialmente dañinas para la salud.

Experiencia subjetiva:

- Necesidad de evitación del estímulo, acompañada de sensaciones gastrointestinales desagradables, como náuseas.

FELICIDAD

Características:

La felicidad favorece la recepción e interpretación positiva de los estímulos ambientales. A diferencia del placer, la felicidad busca una estabilidad emocional duradera.

Instigadores:

- Logro de objetivos, congruencia entre deseos y realidades.
- Comparación favorable con los demás.

Actividad fisiológica:

- Aumento de la actividad en el hipotálamo, septum y núcleo amigdalino.
- Aumento de la frecuencia cardíaca y respiratoria.

Procesos cognitivos implicados:

- Facilita la empatía y conductas altruistas.
- Favorece el rendimiento cognitivo, la solución de problemas y la creatividad.

Función:

- Incrementar la capacidad para disfrutar de la vida.
- Generar actitudes positivas hacia uno mismo y hacia los demás.
- Favorecer las relaciones interpersonales y la curiosidad.
- Experiencia subjetiva:

- Estado placentero, sensación de bienestar, autoestima y autoconfianza.

IRA

Características:

La ira es el componente emocional del complejo Agresividad-Hostilidad-Ira. La hostilidad se refiere al componente cognitivo y la agresividad al conductual.

Instigadores:

- Estimulación aversiva, condiciones que generan frustración, inmovilidad o restricción.
- Situaciones injustas o atentados contra valores morales.

Actividad fisiológica:

- Elevada actividad neuronal y muscular, reactividad cardiovascular intensa.

Procesos cognitivos implicados:

- Focalización de la atención en los obstáculos que impiden la consecución de objetivos.
- Reducción de la eficacia en la ejecución de procesos cognitivos.

Función:

- Movilizar energía para reacciones de autodefensa o ataque.
- Inhibir reacciones indeseables de otros y evitar confrontaciones.

Experiencia subjetiva:

- Sensación de energía e impulsividad, necesidad de actuar de forma intensa e inmediata para resolver la situación problemática.

- Se experimenta como una emoción desagradable e intensa, relacionada con la impaciencia.

LA INTELIGENCIA EMOCIONAL

*El autodominio exige autoconciencia y autorregulación,
componentes clave de la inteligencia emocional.*

Daniel Goleman

La <u>educación emocional</u> es clave en el desarrollo personal. En este sentido, la inteligencia emocional se refiere a la capacidad de controlar y gestionar las emociones de manera positiva para vivir de forma más plena. Va más allá de la capacidad para resolver problemas, memorizar o resolver ecuaciones complejas. Se trata de la capacidad de conectar con las emociones. En efecto, implica la conciencia de uno mismo en el mundo, es decir, con otras personas (aspecto social). Esto incluye el reconocimiento de las propias emociones y las de los demás. A menudo nos hemos considerado seres racionales, pero en realidad somos seres emocionales que también razonan. Por lo tanto, es crucial comprender que las emociones, no solo las cogniciones, están en el origen de nuestra conducta y toma de decisiones.

Para ser más empáticos, compasivos y sensibles, es fundamental aprender a potenciar la inteligencia emocional. Desarrollarla no es fácil, pero tampoco imposible. Presta atención a los detalles y pon en práctica los siguientes pasos:

- Descubre la emoción que se esconde detrás de cada uno de tus actos:

Aprende a conectar con las emociones utilizando tu <u>inteligencia</u>. Para ello, busca el origen emocional de cada acción, decisión o estado de ánimo. La tristeza que hay oculta en un grito, la inseguridad detrás del aislamiento social o el miedo que se esconde en la falta de iniciativa.

- Incorpora un rico lenguaje emocional:

Las cuatro emociones básicas son: alegría, tristeza, ira y miedo. Cuando aprendas a identificar cada una, podrás **poner en palabras** lo **que pasa por tu mente y por tu corazón**. Es fundamental para gestionar las emociones.

- El lado oculto de las emociones:

Detrás de las emociones primarias hay otras secundarias. Descúbrelas. No te dejes llevar por las apariencias. La tristeza no solo implica pena ni la alegría únicamente gozo. Si profundizas, aprenderás a **"leer" el trasfondo.**

- No te juzgues:

Las emociones son simples mensajeras que te indicarán cómo manejarte positivamente. **No juzgues tus sentimientos**. Ellos te brindan preciada información y son sumamente útiles para poner en práctica el autocontrol y el manejo consciente de lo emocional.

- El lenguaje corporal puede echarte una mano:

Al principio cuesta reconocer las emociones. Sin embargo, si prestas atención a lo gestual y corporal, te darás cuenta de que **no siempre las palabras dicen la verdad**. A modo de ejemplo, piensa en la gente que dice ser positiva y siempre está dispuesta a brindar ayuda, pero en muchas ocasiones está meneando la cabeza como negando. Entre los gestos y las palabras, quédate con los gestos.

- Aprende a hablar menos y actuar a tiempo:

Antes de decir algo de lo que puedas arrepentirte, calla. Antes de tomar una decisión intempestiva, aguarda. **Ante cada emoción, detecta qué pensamiento surge** y tómate un tiempo para modificarlo en caso de ser necesario.

- Ponte en los zapatos de los otros:

Utiliza la empatía para no juzgar al otro por lo que hace, dice o piensa. **Cada cual tiene sus razones**. Mira más allá y descubrirás un mundo de emociones.

- Haz un registro emocional:

Apunta tus emociones para volverte con el tiempo una persona capaz de gestionarlas sin necesidad de tomar nota. Leer un listado de emociones y pensamientos te ayudará a tomar conciencia para poder usarlo en tu beneficio y alcanzar tu superación.

- Expresa tus emociones con asertividad:

Aprende a expresarte bien. Una frase asertiva sería: "Siento tal emoción cuando haces o dices tal cosa". Quien conecta bien con sus emociones es capaz de comunicarse mejor con los demás y pedir lo que necesita. ¡Ánimo! Tú también podrás hacerlo.

- Lleva los puntos anteriores a la práctica:

De nada sirve la teoría si no la pones en práctica.

¿CUÁLES SON LAS 5 HABILIDADES EMOCIONALES BÁSICAS?

Según Daniel Goleman, Bisquerra y la mayoría de expertos en educación emocional, hay cinco habilidades emocionales básicas que van de dentro de la persona hacia fuera. Es decir, en la educación primero se hace un **trabajo interno para mejorar luego la relación con el mundo y los demás**.

Las cinco habilidades emocionales básicas son las siguientes:

1. **Conciencia** de las propias emociones.
2. **Regulación** de las propias emociones.
3. **Autoestima**, confianza y motivación.
4. **Empatía** y conciencia de las emociones de los demás.
5. **Habilidades sociales**, de vida y bienestar.

Te presento a continuación el desarrollo de cada habilidad:

Conócete

Quizá la expresión «conciencia emocional» parezca extraña, pero es de sentido común: implica **conocerse a uno mismo**, clave para el desarrollo personal. Esta primera destreza implica:

- **Identificar y nombrar:** las propias emociones, que nos dan información sobre la realidad.

- **Distinguir:** entre pensamientos, sentimientos y acciones.

- **Expresar:** los sentimientos.

Esclavos de la pasión

Una vez somos conscientes de nuestras emociones, podemos hacer algo para no ser esclavos de ellas. Se trata de **ganar en libertad**, gracias a:

- **Calmar y regular emociones negativas:** como la tristeza, la ansiedad o la ira, habilidades esenciales para prevenir la violencia y la depresión.

- **Controlar la impulsividad:** a base de retrasar gratificaciones, desarrollar la tolerancia a la frustración y crecer en virtudes como la templanza.

- **Generar emociones positivas:** aprendiendo a tomar decisiones y a actuar de manera realista y positiva.

La aptitud maestra

Esta habilidad emocional es como la bisagra entre la inteligencia intrapersonal y la interpersonal. **Nos saca hacia fuera**. Tiene que ver con la capacidad de <u>motivarse</u> a uno mismo y requiere desarrollar:

- **Autoestima:** Visión realista de uno mismo que previene de caer en dependencias emocionales y adicciones.

- **Atención plena**: Fruto del desarrollo del autocontrol emocional, porque la ansiedad o la ira dificultan la concentración.

- <u>**Creatividad**</u>: El optimismo y la atención plena ayudan a fluir. El flujo es un estado en que disfrutamos con una tarea y tenemos nuevas ideas (Csíkszentmihályi, 1998).

Las raíces de la empatía

La educación emocional fomenta <u>**la empatía**</u> y el altruismo porque reconocer las emociones de los demás nos hace más comprensivos con ellos. Otras habilidades que desarrolla la empatía son:

- **Escucha activa**: Destreza que, de nuevo, tiene que ver con saber controlar el propio ánimo para mantener atención plena.

- **Comprender normas de conducta:** Nos hacemos más conscientes de las consecuencias de nuestras acciones.

- **Respeto**: Crece cuando somos sensibles al mundo emocional propio y ajeno.

Las artes sociales

Desarrollar las anteriores habilidades emocionales hace que **mejoremos nuestras relaciones sociales**. Algunas habilidades sociales clave son:

- **Asertividad:** Para comunicar los propios pensamientos y sentimientos sin ira ni pasividad.

- **Resolución de conflictos:** Pone en juego muchas habilidades emocionales de comprensión de problemas y negociación de soluciones.

- **Liderazgo**: Nuestras habilidades emocionales pueden influir en los demás, «contagiarles» y despertar entusiasmo.

¿CUÁLES SON LOS BENEFICIOS DE LA EDUCACIÓN EMOCIONAL?

ALGUNOS DE ESOS BENEFICIOS DEMOSTRADOS FUERON:

- Disminución de **la tristeza y la depresión**.

- Reducción del grado de **ansiedad y aislamiento.**

- Chicos **menos agresivos** y chicas **menos autodestructivas.**

- Menor iniciación en el **uso de drogas.**

- Índice más bajo de **suspensos y expulsiones.**

- **Menos violencia** y agresiones verbales en clase.

- **Más empatía** y sensibilidad hacia los sentimientos de los demás.

- Comprensión de las **consecuencias de su conducta.**

- **Más reflexión** antes de actuar.

- **Alumnos buscan ayuda** de otros compañeros.

- **Clima más positivo** en clase.

- Vínculos más positivos con **la familia y con la escuela.**

- Aumento de la capacidad de **aprender a aprender.**

La inteligencia racional coexiste con la emocional. Son dos formas de conocer el mundo y ninguna es mejor o superior. Durante mucho tiempo se dio prioridad a lo racional sobre lo emocional, subestimando los sentimientos y ubicándolos por debajo de la cognición. Se creía que la racionalidad era lo que distinguía al ser humano del resto de los seres vivos, considerándola como algo supremo. Sin embargo, las emociones también nos distinguen y nos hacen seres maravillosos. Nuestra vida mental se nutre tanto de cogniciones como de emociones, en perfecta convivencia y al mismo nivel.

Aprender a gestionar las emociones es fundamental. Las emociones son impulsos, reacciones ante el entorno o lo interno (cómo nos sentimos). La ira, por ejemplo, es tan fuerte que puede reorganizar las funciones cerebrales. A veces, durante una discusión acalorada, se olvida el origen del conflicto debido a que la ira predispone al descontrol y a la desconexión, obstaculizando el diálogo y una salida positiva. Por ello, el control emocional es fundamental para resolver conflictos de manera efectiva.

Alcanzar una vida más plena es posible desarrollando habilidades emocionales. Contribuyen al autoconocimiento, al manejo positivo de las emociones, al desarrollo de la empatía y a mejorar las relaciones interpersonales. La gestión de las emociones ayuda a tener una vida más efectiva y productiva. Las personas emocionalmente inteligentes suelen ser más creativas, tener trabajos satisfactorios y afrontar la vida con una mente abierta. Saben sacar lo mejor de sí mismas y de los demás.

BUENA SALUD FÍSICA Y MENTAL

Saber gestionar las emociones tóxicas o complejas contribuye a disminuir factores de riesgo que predisponen a enfermar. Neutralizar la toxicidad emocional es esencial para vivir plenamente. Tener una buena inteligencia emocional es un buen aliado para afrontar todo tipo de enfermedades de una manera más positiva. Incluso hay estudios que afirman que enfrentarse al cáncer con un buen estado de ánimo hace que las posibilidades de superarlo aumenten.

ENSEÑAR Y APRENDER

La vida académica es la mera transmisión y recepción de conocimientos cuando no se conecta bien con las emociones. Un maestro que enseña con **pasión y vocación** transmite de manera más efectiva el mensaje. No es casualidad que los alumnos aprendan más y mejor aquellas materias impartidas por profesores que aman su trabajo y lo hacen con el corazón.

LIDERAZGO POSITIVO

En una familia, en un grupo social o en una empresa, los líderes natos son aquellos que saben conectar con las emociones de los demás para que el equipo en su conjunto alcance su máximo rendimiento. De hecho, **la mayoría de los actuales líderes mundiales son seres emocionalmente bien conectados**. Seres capaces de ponerse en el lugar del otro, comprender los motivos ajenos y resolver conflictos a través del diálogo, la empatía y la confianza en uno mismo y en quienes los rodean.

EL AUTOCONOCIMIENTO

El conocimiento de uno mismo es la piedra angular de la inteligencia emocional, según Goleman. **El autodominio y la autoconciencia asimismo son elementos primordiales**. Para empatizar con el prójimo, primero hay que conocer a fondo las propias emociones. Como se suele decir: para poder amar a los demás, primero hay que amarse a uno mismo.

MINDFULNESS Y EMOCIONES

*Todo lo que realmente necesitas hacer
es aceptar este momento completamente.
Entonces estás a gusto en el aquí y en el ahora
y a gusto contigo mismo.*

Eckhart Tolle

El Mindfulness es una técnica cada vez más utilizada en psicología para tratar y aliviar una serie de condiciones físicas y mentales. En los últimos 15 años, los estudios e investigaciones científicas han aumentado de manera exponencial, mostrando los innumerables beneficios físicos que puede aportar esta práctica. El mindfulness aprovecha nuestra capacidad de encontrar la satisfacción, la felicidad y la tranquilidad de manera consciente a través del tiempo presente. A continuación, se detallan los beneficios más importantes del mindfulness:

Reduce el estrés: La práctica del mindfulness ayuda a sentirse menos estresado, reduciendo considerablemente los niveles de cortisol (la hormona del estrés). También beneficia a aquellas personas con fuertes niveles de estrés causados por experiencias traumáticas como accidentes, enfermedades o pérdidas.

Reduce la ansiedad: Los ejercicios de mindfulness pueden reducir la ansiedad al enfocarse en el presente y eliminar la preocupación por el futuro. Además, ayuda a las personas que desean dejar de comer, beber o fumar por ansiedad.

Mejora la capacidad de percepción: El mindfulness incrementa la capacidad de percepción hasta en un 65%, haciéndonos más conscientes de la realidad y ayudándonos a resolver problemas con mayor soltura y raciocinio. También potencia el autoconocimiento y la superación personal.

Afinamiento de la atención: Estudios demuestran que el mindfulness entrena a pacientes con enfermedades mentales para tomar conciencia y analizar sus propias emociones, sensaciones y sentimientos, mejorando así su calidad de vida. También previene enfermedades mentales como trastornos de ansiedad, fobias, trastorno por estrés postraumático (TEPT) y trastornos del ánimo.

Activa diferentes partes del cerebro: La práctica del mindfulness mejora los niveles de atención en diferentes niveles, lo que permite vivir experiencias de manera más intensa y plena.

Fomenta la empatía y la comprensión: El mindfulness nos hace más conscientes de la realidad presente, lo que nos ayuda a comprender mejor nuestras propias emociones y las de los demás, mejorando así nuestras relaciones interpersonales.

Mejora los niveles físicos: El mindfulness refuerza nuestro sistema inmunológico, lo que ayuda a prevenir diversas enfermedades. También se ha observado que reduce hasta en un 80% las enfermedades relacionadas con el frío, como gripes o resfriados comunes.

Combate la soledad: Ayuda a ser más conscientes y felices en cada etapa de la vida, lo que puede reducir los sentimientos de soledad y mejorar la conexión con los demás.

Ayuda a perder peso: El mindfulness puede reducir el peso de una persona hasta niveles adecuados, siendo una práctica recomendada por muchos psicólogos para tratar la obesidad y los problemas relacionados con la alimentación.

Mejora la calidad del sueño: Al hacernos más conscientes de nuestras emociones y entorno, el mindfulness reduce el estrés y mejora el bienestar subjetivo, lo que puede llevar a un mejor descanso y una mayor sensación de felicidad durante el día.

MINDFULNESS Y BIENESTAR INDIVIDUAL

Las investigaciones se han centrado en estudiar posibles mediadores de los efectos del mindfulness sobre los indicadores del bienestar a través del mecanismo de desautomatización. En nuestra vida cotidiana, muchos de nuestros pensamientos, emociones y comportamientos se realizan de manera automática, activados a nivel inconsciente, siendo espontáneos e inmediatos, y guiando nuestros hábitos y experiencias. El automatismo nos permite tomar decisiones con un número limitado de recursos y también ayuda a reducir el gasto de energía física y psicológica al generar asociaciones entre diferentes situaciones relacionadas con contextos comunes, o entre estímulos y respuestas, y luego generalizarlas a contextos similares para obtener un resultado positivo, especialmente en momentos en que tenemos poco tiempo para reaccionar.

MINDFULNESS Y EMOCIONES

A través de la práctica del Mindfulness, es posible transformar las emociones negativas en positivas al entender que cada emoción nos brinda información sobre nosotros mismos y nuestro entorno, así como sobre cómo nos relacionamos con él. En ocasiones, nuestro malestar puede prolongarse en el tiempo, creando dificultades en nuestra vida diaria y en nuestra relación con nosotros mismos.

Es importante prestar atención a la información que nos proporciona cada estado emocional que experimentamos. Cada experiencia dolorosa puede brindarnos aprendizajes o desarrollar nuevas habilidades que nos permitan afrontar la vida de mejor manera. Las personas resilientes tienen la capacidad de redefinir las historias que nos contamos sobre situaciones dolorosas, transformando el significado de dichas experiencias en aprendizajes y habilidades desarrolladas para superarlas y prevenir que vuelvan a ocurrir.

A través de la meditación y la concentración que brinda el mindfulness, podemos reconocer que somos dueños de nuestro cerebro y mente, y que no estamos obligados a mantener en la cabeza algo que no deseamos. Cualquier experiencia del momento presente puede ser objeto de atención plena, incluidas las emociones, sin necesidad de racionalizar en exceso. Al aplicar mindfulness a las propias emociones, podemos alcanzar una mayor aceptación de nosotros mismos en el presente.

El autocuidado, una forma particular de mindfulness, dirige la conciencia y la aceptación hacia un aspecto específico de la experiencia presente. Aplicar mindfulness a nuestras emociones implica tener una conciencia y atención no crítica para vivirlas y sentirlas plenamente, sin intentar modificarlas, distorsionarlas o negarlas, independientemente de si son positivas o negativas. Esto nos permite comprender mejor nuestras conductas frente a nuestras emociones y reflexionar conscientemente sobre cómo vivimos nuestras experiencias emocionales, sin reaccionar automáticamente ante ellas.

Ser consciente y comprender nuestras propias emociones, así como permitirnos sentir y experimentar plenamente los aspectos emocionales de la vida, facilita un mayor bienestar en todos los aspectos, mejorando la conciencia de nuestras emociones y sentimientos, lo que favorece el procesamiento de nuestro mundo emocional y nos aleja de vivir en "piloto automático".

La conciencia desempeña un papel importante al facilitar la comprensión de las necesidades psicológicas para alcanzar la satisfacción. Varios estudios sugieren una relación negativa entre la supresión de nuestras emociones y los seis aspectos del bienestar psicológico.

Autores como Carol Ryff plantean que el bienestar es multidimensional y va más allá de la felicidad o las emociones positivas, basándose en la Ética Nicomáquea de Aristóteles, donde el objetivo de la vida no es sentirse bien, sino vivir virtuosamente.

Las seis dimensiones del bienestar, según Carol Ryff, son:

1. **Autoaceptación**: Desarrollar una actitud positiva hacia uno mismo y hacia la vida, reconociendo y aceptando los múltiples aspectos de uno mismo, incluyendo fortalezas y vulnerabilidades, y sintiéndose positivo hacia la vida pasada.

2. **Relaciones positivas con los demás**: Tener relaciones satisfactorias basadas en la confianza, el cuidado del bienestar de los demás, la capacidad de desarrollar empatía, afecto e intimidad, y comprender el valor de dar y recibir en las relaciones humanas.

3. **Autonomía del pensamiento y acción**: Desarrollar la libertad de pensamiento, emoción y acción, ser autodeterminado e independiente, resistir las presiones sociales en la forma de pensar y actuar, y regular el comportamiento de acuerdo con estándares personales internos.

4. **Dominio ambiental**: Sentir dominio y competencia en la gestión del entorno, reforzando la sensación de poder enfrentar los desafíos de la vida, hacer un uso efectivo de las oportunidades circundantes y ser capaz de elegir o crear contextos favorables a las propias necesidades y valores personales.

5. **Crecimiento personal**: Sentir un desarrollo continuo, ver crecimiento y evolución personal, estar abiertos a nuevas experiencias, percibir la realización del propio potencial, observar mejoras en uno mismo y en su comportamiento a lo largo del tiempo, y aumentar la autoconsciencia y la autoeficacia.

6. **Propósito en la vida**: Establecer metas y un sentido de dirección, dar sentido a la propia vida presente y pasada, desarrollar creencias que den un propósito a la vida y sentir que lo que se hace está en consonancia con los valores personales.

El bienestar subjetivo y la conciencia emocional se refieren tanto a las emociones positivas como a las negativas. La plena conciencia de las emociones promueve una afectividad positiva y una apertura prosocial, ya que aumenta la comprensión de las emociones propias y de los demás, lo que eleva el bienestar y favorece el desarrollo de la empatía. Aunque la conciencia emocional nos permite comprender nuestras propias emociones sin prejuicios, difiere de la inteligencia emocional. Esta última, definida por los autores Salovey y Mayer, incluye cuatro áreas de habilidad:

1. **Percepción emocional**: Capacidad para percibir las emociones propias y ajenas, expresar los propios sentimientos y distinguir entre una emoción auténtica y una simulada.

2. **Facilitación emocional del pensamiento**: Uso de las emociones para facilitar el pensamiento, incluyendo dirigir el pensamiento basado en emociones sentidas, generar emociones para facilitar el juicio o la memoria, captar cambios en los estados emocionales y utilizar las emociones para mejorar la creatividad o la resolución de problemas.

3. **Comprensión de las emociones y su relación con los distintos estados emocionales, así como con sus consecuencias conductuales:** Implica entender la relación entre las diferentes emociones, sus causas y efectos, así como comprender sentimientos complejos y estados emocionales contradictorios. También implica comprender cómo una emoción puede transformarse en otra. Esta comprensión permite utilizar, por ejemplo, la esperanza para contrarrestar el miedo, o entender que la rabia o la envidia pueden llevar a comportamientos desadaptativos que a su vez aumentarán las emociones negativas. Comprender estas relaciones puede ayudar a responder de manera más adecuada a situaciones específicas.

4. **Regulación del estado de ánimo:** Esta capacidad requiere un equilibrio, ya que una regulación excesiva puede llevar a la supresión de las propias emociones y desencadenar otro tipo de conductas, incluso enfermedades psicosomáticas. Por otro lado, también se requiere una apertura hacia las emociones tanto positivas como negativas. Sin embargo, esta capacidad no implica necesariamente la aceptación de las

emociones ni la comprensión de las mismas, independientemente de su relación con eventos particulares.

A través del mindfulness se busca aumentar la conciencia
no solo de la experiencia presente, sino también de las propias
emociones, que son experimentadas de manera consciente y no
distorsionada. Esto permite que las emociones se conviertan en
información real de nuestro entorno, lo que favorece un proceso
de toma de decisiones más reflexivo y consciente.

CAPÍTULO 4

CONVIVIR CON EL JUICIO DE LOS DEMÁS

Los sentimientos van y vienen como nubes en un cielo tempestuoso. La respiración consciente es mi ancla.

Thich Nhat Hanh

Contentarnos a nosotros mismos es un derecho. Si al hacerlo también logramos agradar a los demás, está bien. Lo importante es no vivir en función del gusto de los otros. Temer ser juzgado negativamente equivale a querer satisfacer a los demás. Hay personas que construyen toda su vida en función del gusto y el juicio de los demás.

Quien dedica su tiempo a preocuparse excesivamente por lo que otros puedan pensar, termina por perder sus propias oportunidades, renunciando a vivir su vida para complacer a otros y satisfacer su juicio. A menudo, estas oportunidades no vuelven a presentarse en la vida.

Si para satisfacer a otros debemos modificar constantemente nuestro comportamiento, generaremos ansiedad y nos convertiremos en esclavos del juicio ajeno.

La creencia subyacente en todo esto es: "Todos tienen derecho a juzgarme. Debo sufrir y adaptarme".

La dependencia del juicio de los demás conlleva disfunciones sociales como:

- Dificultad para expresar nuestras propias necesidades.

- Dificultad para rechazar las demandas de los demás.

- Estrés al intentar ajustarnos a las expectativas de los demás.

- Vivir en función de los demás.

- Incapacidad para manejar situaciones grupales.

SABER HACER SOLICITUDES

Hacer solicitudes es un derecho que tenemos, al igual que rechazarlas. Sin embargo, hay personas que encuentran grandes dificultades para hacer solicitudes, pues esperan que los demás las entiendan sin necesidad de expresarlas.

Detrás de esta dificultad suele estar la preocupación por el juicio de los demás.

SABER RECHAZAR LAS SOLICITUDES

Rechazar solicitudes, incluso las de amigos, es un derecho. Sin embargo, hay personas que no son capaces de hacerlo. El miedo a rechazar una solicitud, a negar un favor, se debe al temor de ser juzgados negativamente. Otras personas dirán sí y tendrán fe en su compromiso, aunque esto les cause dolor y malestar. Este malestar puede ser más fuerte que actuar en contra de su voluntad. Estas reacciones se sustentan en:

- Necesidad de aprobación de los demás (dependencia de los otros).

- Miedo a la crítica (imagen negativa de sí mismo/dependencia del juicio de los demás).

ESTRÉS DE ADAPTACIÓN A LAS EXIGENCIAS DE LOS DEMÁS

El hecho de tener que modificar constantemente el comportamiento propio para cumplir con las exigencias de los demás es muy estresante. Cada vez que se expresa la opinión propia, se cuestiona si se ha cometido un error o se intenta interpretar las señales no verbales del otro para entender si está de acuerdo con lo que se ha dicho. Esta atención constante, como mencioné anteriormente, genera ansiedad. Para complacer a los demás, a veces elegimos estar con ellos incluso cuando la relación es demasiado pesada para soportarla.

VIVIR EN FUNCIÓN DE LOS DEMÁS

La dependencia del juicio de los demás puede llevar a construir y dirigir nuestra vida en función de ellos.

El condicionamiento ambiental juega un papel fundamental en la formación de la imagen social "ideal" que se desea alcanzar. Muchos padres desean que sus hijos sigan ciertas carreras o, por otro lado, muchos hijos eligen una carrera universitaria con la que no se identifican o que no les motiva.

La competencia por el estatus social lleva a las personas a competir entre sí por tener el auto más lujoso, la ropa más a la moda, etc., lo cual no tiene nada de malo. Lo negativo es cuando nuestra vida funciona y se dirige en función de eso para «estar a la altura» o «lograr la aceptación de los demás».

INCAPACIDAD PARA GESTIONAR GRUPOS

Al intentar adaptar nuestra personalidad a cada persona con la que nos relacionamos, terminamos teniendo tantas personalidades, opiniones y formas de reaccionar como personas con las que nos relacionamos, todo para complacer a los demás. Sin embargo, en un grupo no se puede satisfacer el juicio de todos los integrantes. Tanto en la amistad como en el trabajo, esta dinámica puede llevar a sentirse desplazado y a encerrarse en uno mismo.

Una persona asertiva no depende del juicio de los demás y puede presentarse de manera auténtica en cualquier situación. Es capaz de construir relaciones diferentes con cada persona que conoce, sin conformarse ni anular su forma de ser, sus opiniones, valores y creencias.

ASERTIVIDAD EN LA COMUNICACIÓN

*Así como hay un arte de bien hablar,
existe un arte de bien escuchar.*

Epicteto

¿CÓMO GESTIONAR LAS CRÍTICAS?

CRÍTICAS CONSTRUCTIVAS

La crítica constructiva suministra información útil para la solución del problema o la naturaleza de la queja, por lo tanto, expresa una opinión justificada respecto a la situación. Está dirigida al comportamiento, no a la persona. Podemos criticar los comportamientos, no a las personas. Una crítica constructiva puede ser tanto el reproche por una equivocación cometida en el trabajo, como una sugerencia desinteresada en el curso de una conversación amigable y relajada.

GESTIÓN AGRESIVA DE LAS CRÍTICAS CONSTRUCTIVAS

Con frecuencia, las personas no somos capaces de discernir, en algunas instancias o cuando nos sentimos estresados, el elemento constructivo de las críticas. En consecuencia, podríamos interpretarlo como una forma de ataque o amenaza psicológica, lo que nos lleva a una reacción agresiva, poniendo fin a la comunicación o creando conflictos y nudos en la misma.

GESTIÓN PASIVA DE LAS CRÍTICAS CONSTRUCTIVAS

También las personas pasivas tienen dificultad para discernir el elemento constructivo de una crítica, tendiendo a sentirse juzgadas y emitiendo comportamientos de evasión, con una actitud ensimismada y poniendo fin a la comunicación.

GESTIÓN ASERTIVA DE LAS CRÍTICAS CONSTRUCTIVAS

La persona asertiva es capaz de distinguir inmediatamente una crítica constructiva y obtiene provecho extrayendo los aspectos constructivos. Una crítica constructiva puede generar un diálogo agradable y entendimiento recíproco entre las partes que se comunican. Una crítica puede ser constructiva en una relación.

LAS CRÍTICAS MANIPULATIVAS

La crítica manipulativa no aporta información útil para la solución del problema, sino que se limita a atacar nuestra integridad culpabilizándonos. Está dirigida a la persona, no al comportamiento, y es un ataque a su integridad. Quien recurre a una crítica manipulativa no se mueve en una dirección constructiva en la relación, sino que tiende a emitir juicios sobre la persona que ha errado.

GESTIÓN AGRESIVA DE LAS CRÍTICAS MANIPULATIVAS

Las personas agresivas sometidas a la crítica manipulativa pasan al ataque, entonces, la manipulación persiste.

GESTIÓN PASIVA DE LAS CRÍTICAS MANIPULATIVAS

Las personas pasivas sometidas a una crítica manipulativa se sienten inmediatamente juzgadas y emiten comportamiento de evitación, en algunos casos, también pueden llegar a explotar manifestando conductas y comportamientos agresivos.

GESTIÓN ASERTIVA DE LAS CRÍTICAS MANIPULATIVAS

Las personas asertivas reconocen inmediatamente los elementos manipulativos en la crítica y recurren a técnicas defensivas verbales según el caso. Actuando de este modo, eluden la manipulación, desviando al interlocutor hacia la crítica constructiva.

TÉCNICAS VERBALES ASERTIVAS PARA ELUDIR LA MANIPULACIÓN:

- **Pregunta negativa:** para entender dónde nos hemos equivocado.

- **Afirmación negativa:** para admitir nuestro error una vez que lo hemos detectado.

- **Disco rayado:** cuando la manipulación persiste.

La persona asertiva es como un karateka: aunque sea capaz de desencadenar ataques letales, sabe que su fuerza consiste en la capacidad para desviar los ataques del adversario, hasta el infinito.

La persona asertiva sabe cuándo el adversario desiste de manipular, es porque ha reconocido la superioridad y se ha rendido. Razona por objetivos: quiere vencer la guerra, no la batalla. La línea asertiva funciona a largo plazo, imponiendo a las relaciones humanas un estándar adecuado.

ASERTIVIDAD EN LA COMUNICACIÓN

Para caracterizar al individuo asertivo, Fensterheim y Baer (1976) lo describen como alguien con una personalidad activa, que define sus propios derechos sin temor en su comportamiento. Además, destacan que las características básicas de la persona asertiva incluyen la libertad de expresión, la comunicación directa, adecuada, abierta y franca, así como la facilidad de comunicación con todo tipo de personas. Su comportamiento es respetable y acepta sus limitaciones.

Existen muchos autores que se han referido a la asertividad en la comunicación, a continuación te presento algunos de ellos y las definiciones propuestas:

Wolpe (1977) define la conducta asertiva como la expresión adecuada dirigida a otras personas de cualquier emoción que no sea la respuesta de ansiedad. Otros autores la definen como la conducta interpersonal que implica la honesta y relativamente expresión de sentimientos.

Libet y Lewiston (1988), la describen como una capacidad compleja de emitir conductas que son reforzadas positiva o negativamente, y de no emitir conductas que son castigadas.

Lazarus (1996), la relaciona con la libertad emocional que se refiere a la capacidad de luchar por los propios derechos.

Riso (1988), explica que la conducta asertiva permite a la persona expresar adecuadamente, sin medir distorsiones cognitivas o ansiedad, la oposición, los desacuerdos, las críticas, la defensa de derechos, los sentimientos negativos y el afecto, así como expresar sentimientos positivos en general, de acuerdo con sus intereses y objetivos, intentando alcanzar las metas trazadas.

Según Bautista (2009), la asertividad es un tipo de habilidad social que se posee en mayor o menor medida, y una misma persona puede exhibir una respuesta más o menos asertiva según la situación y el momento.

Para Sánchez (2000), es la expresión directa de los propios sentimientos, deseos, derechos legítimos y opiniones sin amenazar o castigar a los demás y sin violar los derechos de esas personas.

García y Magaz (1994) la definen como una clase de interacciones sociales que constituyen un acto de respeto por igual a las cualidades y características personales de uno mismo y de las personas con quienes se interactúa.

Costamyer (1997) la describe como la capacidad de autoafirmar los propios derechos sin dejarse manipular y sin hacerlo con los demás.

Salmuri (1998) la conceptualiza como la habilidad personal que permite expresar sentimientos, opiniones y pensamientos en el momento oportuno, de la forma adecuada y sin negar ni desconsiderar los derechos de los demás. En resumen, la asertividad se refiere a la capacidad de expresarse de manera adecuada y respetuosa, sin vulnerar los derechos propios ni de los demás.

LA COMUNICACIÓN ASERTIVA

Algunos autores identifican dos tipos de asertividad:

1. **Autoasertividad:** Es el grado en que una persona se concede a sí misma los derechos asertivos básicos.

2. **Heteroasertividad:** Es el grado en que una persona considera que los demás tienen derechos asertivos básicos.

Según Vicente Bonet (citado por Flores, 2007), la valoración de la conducta asertiva se basa en el aprendizaje de estrategias responsables para una mejor relación interpersonal.

Bonet clasifica la asertividad de la siguiente manera:

1. **Asertividad Positiva:** Consiste en expresar auténtico afecto y aprecio por las otras personas. Implica mantener abiertos los ojos del corazón para reconocer lo bueno y valioso que hay en los demás, comunicándolo de manera verbal y no verbal.

2. **Asertividad Empática:** Se muestra al afirmar claramente nuestros derechos y expresar nuestros sentimientos negati-

vos después de haber reconocido adecuadamente la situación o los sentimientos del interlocutor.

3. **Asertividad Progresiva:** Cuando no se responde satisfactoriamente a la asertividad empática y continúa violando nuestros derechos, uno insiste con mayor firmeza, pero sin agresividad.

4. **Asertividad Confrontativa:** Es útil cuando percibimos una aparente contradicción entre las palabras y los hechos de nuestro interlocutor.

CARACTERÍSTICAS DE UNA PERSONA ASERTIVA

- **Expresan sus opiniones y sentimientos de manera clara y directa:** Las personas asertivas son capaces de expresar sus pensamientos y sentimientos de manera clara y directa, sin ser vagos o ambiguos.

- **Escuchan atentamente:** Las personas asertivas también saben escuchar atentamente a los demás, sin interrumpirlos ni juzgarlos de manera precipitada. Escuchar atentamente ayuda a comprender mejor a la otra persona y encontrar soluciones más satisfactorias para ambos.

- **Aceptan la crítica constructiva:** Las personas asertivas no temen recibir críticas constructivas y pueden aceptarlas sin sentirse amenazadas o desvalorizadas. En lugar de tomar la crítica como un ataque personal, ven la oportunidad de aprender y crecer.

- **Buscan soluciones justas y beneficiosas para todas las partes:** Las personas asertivas buscan encontrar soluciones que sean justas y beneficiosas para todas las partes involucradas. No se conforman con soluciones que beneficien solo a una parte, sino que trabajan por encontrar una solución que satisfaga las necesidades de todos.

- **Mantienen el respeto por los demás:** Las personas asertivas también mantienen el respeto por los demás, incluso cuando tienen que expresar su desacuerdo. Saben que las personas tienen derecho a tener sus propias opiniones y sentimientos, y que es importante respetarlos.

LAS CLAVES DE LA ASERTIVIDAD: APRENDE A SER ASERTIVO

1. **Comienza con algo pequeño:** Si la idea de ser asertivo te hace sentir especialmente mal o inseguro, comienza con situaciones de bajo riesgo. Por ejemplo, si pides una hamburguesa y el camarero te trae un salmón a la plancha, hazle ver su error y envíalo de vuelta.

   Si sales de compras con tu pareja y estás tratando de decidir sobre un lugar para comer, manifiesta tu opinión a la hora de elegir a dónde ir.

   Una vez que te sientas cómodo en estas situaciones de bajo riesgo, comienza subiendo la dificultad poco a poco.

2. **Empieza diciendo no:** En el camino para ser más asertivo, el NO es tu mejor compañero. Debes decir no más a menudo. Es posible ser firme y decidido con el NO sin dejar de ser considerado.

   Al principio, decir que no puede hacer que te sientas ansioso, pero con el tiempo llegarás a sentirte bien y bastante liberado.

   Es probable que algunas personas se sientan decepcionadas ante esta nueva situación. Pero recuerda que mientras expreses tus necesidades de manera considerada, no eres en absoluto responsable de su reacción.

3. **Sé simple y directo:** Cuando te estás afirmando a ti, menos es más. Haz tus peticiones de manera sencilla y directa. No hay necesidad de dar explicaciones elaboradas (véase más adelante). Es suficiente con decir cortésmente lo que piensas, sientes o deseas.

4. **Utiliza el "yo":** Al hacer una petición o expresar desaprobación, usa el "yo". Hazlo siempre en primera persona. En lugar de decir: "Eres muy desconsiderado. No tienes ni idea de lo duro que ha sido el día de hoy. ¿Por qué me pides que haga todas estas tareas?", debes decir "Estoy agotado hoy. Veo que quieres que haga todas estas cosas, pero no voy a poder hacerlas hasta mañana".

5. **No te disculpes por expresar una necesidad o deseo:** A menos que estés pidiendo algo que sea manifiestamente irrazonable, no hay razón para sentirse culpable o avergonzado por expresar una necesidad o deseo.

    Así que deja de pedir disculpas cuando pides algo. Solo pídelo educadamente y espera a ver cómo la otra persona responde. Ser asertivo es comunicar.

6. **Utiliza el lenguaje corporal y el tono de voz:** Debes parecer seguro al hacer una solicitud o indicar una preferencia. Ponerse de pie, inclinarse un poco, sonreír o mantener una expresión facial neutra, mirar a la persona a los ojos, son acciones que denotan seguridad. También debes asegurarte de hablar con claridad y en voz lo suficientemente alta.

7. **No tienes que justificar o explicar tu opinión:** Cuando tomas una decisión o das una opinión con la que otros no están de acuerdo, un modo en que van a tratar de ejercer control sobre ti será exigiendo que des una justificación de tu elección, opinión o comportamiento. Si no puedes encontrar una razón suficiente, suponen que debes estar de acuerdo con lo que quieren.

    Las personas no asertivas, con su necesidad de agradar, se sienten obligadas a dar una explicación o una justificación para cada elección que hacen, incluso si la otra persona no se la pidió. Quieren asegurarse de que todo el mundo está de acuerdo con sus opciones, y de este modo lo que están haciendo es pedir permiso para vivir sus propias vidas.

8. **Sé persistente:** A veces te enfrentas a situaciones en que inicialmente no encuentras respuesta a tus solicitudes. No te limites a decir: "Al menos lo intenté ". A menudo, para ser tratado con justicia, tienes que ser persistente.

    Por ejemplo, si te cancelaron un vuelo, sigue preguntando acerca de otras opciones, como ser transferido a otra línea aérea, para poder llegar a tu destino a tiempo.

9. **Mantén la calma:** Si alguien está en desacuerdo o desaprueba tu elección, opinión o solicitud, no debes enojarte o ponerte a la defensiva. Es mejor buscar una respuesta constructiva o decidir evitar a esta persona en futuras situaciones.

10. **Elije tus batallas:** Un error común que cometemos en el camino para ser más asertivo es tratar de ser firme todo el tiempo.

La asertividad <u>es situacional y contextual</u>. Puede haber casos en los que ser asertivo no te llevará a ninguna parte y tomar una postura más agresiva o pasiva es la mejor opción.

A veces, sin duda es necesario ocultar los sentimientos. Sin embargo, aprender a expresar tus opiniones, y lo más importante, a respetar la validez de esas opiniones y deseos<u>, te convertirá en una persona con mayor confianza</u>.

El resultado de una acción asertiva puede llevarte a conseguir exactamente lo que quieres, o quizás un compromiso, o tal vez un rechazo, pero independientemente del resultado, **dará lugar a que te sientas más cerca de controlar tu propia vida**.

EJEMPLOS DE ASERTIVIDAD COTIDIANA

Cuando tratamos de entender qué es la asertividad o qué significa ser asertivo, nada mejor que recurrir a ejemplos de asertividad en la vida cotidiana. Veamos tres situaciones habituales que pueden ser útiles como ejemplos de asertividad:

Ejemplo de asertividad con amigos: Imagina que una de tus mejores amigas se ha enamorado de tu compañero de piso, y él también parece tener cierto interés en esa relación. Tú has tenido experiencias desagradables en situaciones similares y sientes que esto podría afectar tu relación con ambos, especialmente porque sabes que tu compañero de piso no busca una relación seria. Un día, tu amiga te pregunta: "¿Qué te parece si le hago saber a tu compañero que me gustaría salir con él?".

¿Para qué te servirá ser asertivo? Ser asertivo sirve para exponer a los demás cuáles son tus verdaderos deseos y necesidades, y para demostrar dignidad, autoconfianza y respeto por ti. Lo más interesante es que las peticiones que hagas desde la comunicación asertiva tendrán muchas más probabilidades de tener éxito, ya que estarás pidiendo legítimamente que se respete tu punto de vista.

Habitualmente te será útil para:

- Dar tu opinión, hacer una petición o pedir un favor a alguien de forma natural, sin parecer que estás pidiendo un gran favor.

- Expresar emociones negativas (quejas, críticas, desacuerdos, etc.) y rechazar peticiones sin que los demás se sientan heridos o molestos contigo.

- Mostrar emociones positivas (alegría, orgullo, agrado, atracción) y hacer cumplidos sin parecer demasiado emocional.

- Preguntar por qué y sentirte legitimado para cuestionar la autoridad o las tradiciones.

- Iniciar, continuar, cambiar y terminar conversaciones de forma cómoda y sin la sensación de estar ninguneando o faltando al respeto a alguien.

- Compartir sentimientos, emociones y experiencias con los demás y favorecer que ellos compartan las suyas contigo.

- Resolver problemas cotidianos antes de que aparezcan emociones negativas como la ira y el enfado, y la situación se descontrole.

Sin embargo, siendo asertivo no lograrás que la gente te quiera, no se enfade nunca contigo y que te concedan todo lo que deseas. Por mucha asertividad que uses, siempre habrá gente que seguirá dándote un no como respuesta si les pides algo que va en contra de sus intereses o valores.

LA ASERTIVIDAD EN EL TRABAJO

Me atrevería a decir que una organización que no sepa plantearse de manera asertiva está condenada al fracaso. La razón es muy sencilla: los proyectos los sustentan las personas, y nadie soporta estar en un lugar donde la negatividad es el pan nuestro de cada día. A pesar de que los malos ejemplos sobran, las grandes empresas han estado interesándose en generar un ambiente de bienestar y calidez para sus empleados. Esto implica tener canales regulares de comunicación y formas efectivas de validar sus emociones.

De hecho, las investigaciones sobre la relevancia del compromiso organizacional indican que la actitud laboral, el cómo ser asertivo en la empresa, está constituida por tres elementos. El primero es la parte afectiva, que son los sentimientos de un empleado hacia la compañía, la cual impregna sus actos. El segundo, cognitivo, está compuesto por todas las creencias que ha adquirido el trabajador con el paso del tiempo. El último tiene que ver con su comportamiento, lo que le lleva a inclinarse a ser asertivo en el trabajo o seguir a ciertas personas en la oficina.

Antes hemos revisado el significado de asertividad laboral, por lo que me gustaría compartir algunos ejemplos clásicos de situaciones cotidianas en la oficina, para que puedas contextualizar mejor las cosas, y así tener una idea más clara sobre cómo resolver o evitar posibles enredos.

LA ASERTIVIDAD POSITIVA

El elogio es uno de los ejemplos de asertividad más sencillos y eficaces. Evita dar por sentado que las personas "saben" lo bien que lo hacen. Así, un empleado puede recibir una frase positiva sobre su desempeño como "me gusta la manera en que llevas este proyecto", lo cual eleva su autoestima.

LA ASERTIVIDAD ELEMENTAL

Ser asertivo en el trabajo es también expresar nuestros derechos e intereses, sin que por ello exista un conflicto. Así, por ejemplo, ante constantes interrupciones o descalificaciones, puedes decir: "Disculpa, pero no me estás dejando expresar mi punto", "por favor, no grites. Yo no lo hago".

Ser asertivo en el trabajo frente a la sumisión o una actitud agresiva

Esta idea busca enseñar al otro a ser asertivo en el trabajo al hacerle reflexionar acerca de su propio comportamiento. Ahora pienso en algo como: "Por favor, entre más te molestas, más alzas la voz. Además, no me estás dejando explicarme. ¿Podrías detenerte un momento y dejarme hablar?".

Cómo ser asertivo mostrando comprensión y manifestando la necesidad propia

Este modelo busca ser asertivo en el trabajo al reconocer a la otra persona, seguido de la expresión de nuestros propios deseos y necesidades. Algo así: "Entiendo que tu punto de vista", "Comprendo lo que dices", seguido de un: "pero te estoy proponiendo…", "más, lo que quiero decir es que…"

Comunicación asertiva en el mundo laboral: aprendiendo a decir NO

Esta es una de las tareas más difíciles para muchas personas, pero si hablamos acerca de qué es asertividad, debemos aprender a ser sinceros. Estos son algunos ejemplos: "¿Me estás queriendo decir que…, ¿cierto? Entonces mi respuesta es no, por…", o: "Lo siento, no puedo hacer eso".

Comunícate sin indirectas

Para ser asertivo en el trabajo no se puede andar con medias tintas. Las indirectas solo generan chismes y ponen el ambiente laboral tenso. Las personas debemos ser claras y precisas en nuestras demandas, no podemos pretender que los demás adivinen nuestras intenciones.

Uno de los métodos más efectivos para ser asertivo en el trabajo y evitar estos inconvenientes es practicando una metodología de comunicación basada en los **roles scrum**, la cual nos ha resultado muy eficaz en el instituto. Espero que también sea de provecho para vosotros en vuestros equipos.

Trabaja en tu autoconfianza

Por otro lado, ser asertivo en el trabajo también tiene que ver con el que hagamos en nosotros. Suele ocurrir, especialmente en personas tímidas o en ambientes laborales verdaderamente tóxicos, que los trabajadores no dan su opinión por temor a represalias.

Los líderes deben trabajar por generar climas laborales donde las personas se sientan cómodas dando su opinión, pues ser asertivo en el trabajo es la manera más idónea de ayudar a un equipo a crecer. Así que deja las vergüenzas a un lado, que si te equivocas, tampoco es el fin del mundo.

Repite tu postura usando un tono calmado y bajo

Para ser asertivo en el trabajo se requiere aprender a gestionar las emociones, pero mucho cuidado, porque esto no quiere decir que debas reprimirte. ¡Al contrario! Es buscar maneras efectivas de no caer en el abuso o de dejarnos llevar por un momento de ira. Siempre se pueden canalizar las cosas. Es decir, que todo aquel que quiera ser asertivo en el trabajo, debe aprender a defender sus derechos o ideas, sin por ello caer en el absurdo de perder la calma. Si tienes que repetir tu opinión o negarte a algo, hazlo desde el respeto, usando un tono que apoye vuestra compostura.

Muestra flexibilidad para generar acuerdos

Evidentemente, ser asertivo en el trabajo también conlleva a aprender a ceder, como en cualquier negociación, o a reconocer cuando nos hemos equivocado. Así las personas sabrán que no sois un muro infranqueable, siempre y cuando no estén poniendo en duda vuestros valores, por supuesto.

Para ser asertivo en el trabajo es necesario aprender a llegar a acuerdos con las demás personas, si queremos que nuestras propuestas sean validadas también. Nosotros no tenemos que tener la razón en absolutamente todo, ni mucho menos imponer nuestra voluntad a los demás.

Una de las estrategias más poderosas de cualquier negociado es aprender a escuchar y transmitir empatía con la otra persona, así será mucho más fácil poder llegar a un punto intermedio donde ambas partes salgan beneficiadas.

Haz las preguntas desde la empatía

Para poder mejorar la asertividad en el trabajo es necesario reconocer que las emociones de los compañeros son tan válidas como las propias. Cuando surgen situaciones que pueden prestarse para malos entendidos, lo mejor que podemos hacer es preguntar de manera respetuosa.

Por otro lado, es importante entender también que para ser asertivo en el trabajo se requiere generar preguntas que inviten al otro a explicar de mejor manera sus ideas o sentimientos, y así pueda brindar mayor información acerca de lo que está aconteciendo en esos instantes.

Detente antes de sobrepasar tus límites emocionales

Las cosas dichas en un momento de cólera no pueden ser borradas, por mucho que nos disculpemos posteriormente. Ser asertivo en el trabajo es comprender que quien tenemos al frente también es una persona, y que la mejor manera que tenemos para defendernos es mantenernos firmes.

Cuando aparecen situaciones en que sentimos que nuestras emociones se pueden salir de control, lo mejor es tomarse una pausa en la conversación y esperar a que los ánimos se calmen.

Entre los ejercicios que puedes hacer para retomar el control están, el tomar una breve caminata para despejar la mente o realizar respiraciones profundas con inhalaciones prologadas para oxigenar el cerebro y conseguir el punto de equilibrio emocional.

En Academia de Emociones buscamos ahondar más sobre el significado de asertividad, además de enseñarle a nuestros estudiantes las más avanzadas prácticas en inteligencia emocional, para que las personas puedan tener un mejor desenvolvimiento en su vida laboral y personal a través de la gestión de las emociones.

Habla de forma directa, clara y concisa para entablar una comunicación asertiva en el mundo laboral

En los anteriores ejemplos de asertividad quedó demostrado que los malos entendidos deben ser aclarados lo más prontamente posible para evitar que las cosas se salgan de control. Por ello, nuestra manera de expresarnos (tanto en forma como en contenido) tiene tanto peso.

Es recomendable utilizar un tono de voz ajustado al auditorio y mantener uno de cordialidad y respeto, aun en las situaciones más críticas o cuando se tenga que realizar algún reclamo. Así, la persona no se sentirá menospreciada o agredida, lo que facilitará el entendimiento y poder llegar a un acuerdo que beneficie la dinámica dentro del equipo de trabajo y el logro de los objetivos.

Lo bueno es que quienes conocen los beneficios de ser asertivo en el trabajo, siempre terminan aplicando esta cualidad a otras áreas de su vida. Además, se convierten en personas con las que es más fácil conectar emocionalmente, porque saben expresarse con sinceridad y precisión.

Haz de la empatía tu enlace con el otro para mejorar la asertividad en el trabajo

Cuando buscamos mejorar la asertividad en el trabajo, abrimos un espacio para que las personas se muestren vulnerables, y nosotros también. Por fortuna, cada vez son más las empresas que están dejando atrás esa imagen de liderazgo duro, inflexible, donde está prohibido equivocarse.

Ser asertivo en el trabajo es reconocer que las organizaciones están compuestas por personas, que el capital humano siente y padece, y sus líderes también. Porque cuando se logra conectar desde el entendimiento emocional, la comunicación empresarial fluye mejor.

Pon atención a tu lenguaje corporal para ser asertivo en el trabajo

Está comprobado que se puede decir mucho más con los gestos y el cuerpo, que cuando se transmite cualquier otro tipo de comunicación, como la oral o la escrita, por eso para ser asertivo en el trabajo es necesario cuidar el lenguaje corporal cuando interactuamos con otra persona del equipo.

Suele ocurrir que quien no sabe cómo ser asertivo en el trabajo, a menudo usa un lenguaje corporal que le hace ver un tanto agresivo, aunque realmente a veces esa ni siquiera sea su verdadera intención. Por otro lado, quienes sí lo entienden, más bien lo usan para reforzar aquello que están diciendo.

Así que ya sabes, en la próxima ocasión que estés en una reunión laboral, cuida tus posturas, gestos, porque ser asertivo en el trabajo implica tener en consideración la manera en que nos expresamos en un todo, y ello incluye también nuestra corporalidad.

DOMINAR EL ESTRÉS

Una vida feliz consiste en tener tranquilidad del espíritu.

Cicerón

El concepto de estrés proviene del término inglés "stress" y está asociado al estado que se produce a partir de hechos que generan agobio o angustia.

Entre 1910 y 1920, un médico, Cannon, utilizó el término "stress" por primera vez para indicar una reacción de alarma producida en el organismo por un estímulo externo.

El científico canadiense Hans Selye, en un artículo aparecido en 1936, analiza que esta reacción de alarma es independiente del tipo de agente estresante, y esta respuesta se caracteriza por la activación de un eje vital ligado a dos glándulas endocrinas que desencadenan una serie de síntomas y modificaciones biológicas asumibles en la definición de síndrome general de adaptación. El estrés, por lo tanto, es una adaptación del organismo a la modificación de su homeostasis interna producida por un agente estresante.

Las fases descritas por Selye son tres:

1. **Alarma:** el organismo moviliza sus defensas produciendo adrenalina y noradrenalina.
2. **Resistencia:** si el estrés persiste en el tiempo, el organismo aumenta la producción de cortisol, un potente antiinflamatorio, pero que tiene efecto colateral de deprimir el sistema inmunitario. Si el estrés persiste, el cortisol provoca un efecto opuesto, es decir, provoca una respuesta inflamatoria en los casos de estrés crónicos.
3. **Agotamiento:** Se registra el agotamiento de la glándula suprarrenal y el ser vivo ya no está protegido por el cortisol y muere.

Fases del estrés

En los últimos 30 años, miles de trabajos científicos han demostrado que no solamente ratones, sino también los seres humanos, activan la misma respuesta fundamental frente a la agresión de un virus, a una amenaza física, una amenaza psicológica (real o imaginaria), a una emoción intensa, o frente a cual-

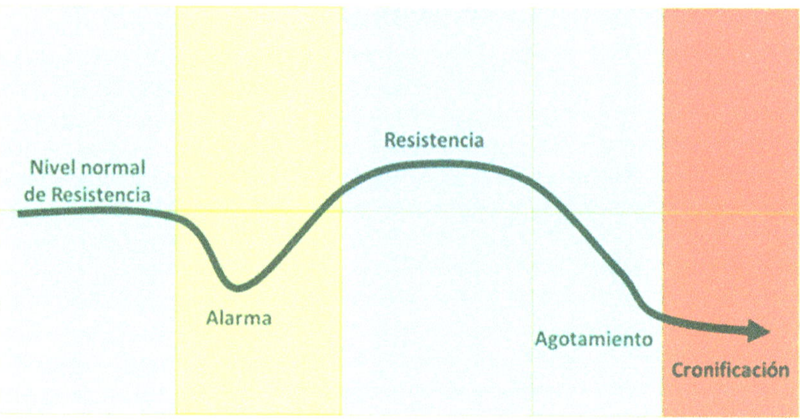

Fuente: *Reconocer, prevenir y afrontar el estrés académico.* Centro de Enseñanza Aprendizaje Campus Sur. Universidad de Chile. https://uchile.cl/presentacion/centro-de-aprendizaje-campus-sur/Material-Autorregulacion-Emocional/reconocer-prevenir-y-afrontar-el-estres-academico

quier otro estímulo ambiental registrado por nuestros sentidos y elaborado por nuestro cerebro.

El cerebro, en el trabajo de decodificación de estímulos, procede por analogía, por lo tanto, tiende a asimilar cosas y situaciones diferentes en base a semejanza, con un proceso de generalización que es muy útil para el aprendizaje (ya que ahorra energía psíquica), pero que algunas veces puede crear problemas.

Una vez tenida la percepción, el organismo se prepara para responder al evento y si este es valorado como estresante, se activa el eje hipófisis-glándula suprarrenal.

Existen diversos ejemplos de situaciones estresantes. Nos encontramos en el auto y el tráfico nos pone nerviosos, luego, alguien no nos da preferencia en un cruce; en la oficina discutimos con un compañero; en la familia, nuestros hijos no comprenden nuestro cansancio y reclaman atención; una discusión con la pareja; una llamada de teléfono desagradable; etc. Son pequeñas situaciones que no ponen en peligro nuestra vida, pero son suficientes para activar nuestra respuesta de estrés. Las personas que son particularmente reactivas pueden percibir que arruinan fácilmente su vida con esta sumatoria de pequeños problemas, debido a que su organismo que se encuentra bombardeado de agentes externos, no consigue desactivar la respuesta de adaptación con la consecuencia de sufrir tarde o temprano la respuesta de agotamiento.

La noticia positiva es que existen personas que son inmunes al estrés, por lo que tienen la posibilidad de desactivar la respuesta adaptativa modificando la respuesta al estrés, a través de reaccionar de modo diferente y de manera positiva (o por lo menos neutral) el evento estresante reprogramando directamente el cerebro emocional, suministrándole informaciones apropiadas para afrontar las situaciones más extremas, añadiendo material en el archivo capaz de ampliar la posibilidad de elección. En ausencia de informaciones específicas, el cerebro emocional valorará por analogías todas las consecuencias que esta elección comporta.

EL MECANISMO DEL ESTRÉS

En presencia de un peligro (verdadero o presunto), el sistema límbico, donde se encuentra el hipotálamo, parte la secuencia de la reacción de adaptación con la consecuente activación de una parte del sistema nervioso autónomo: el sistema simpático. Este es el responsable de la reacción exposición-evitación y, por lo tanto, prepara al cuerpo para el afrontamiento, aumenta el ritmo de respiración e induce al hígado a liberar los azúcares que ha almacenado para suministrar el oxígeno y nutrición a los músculos, el corazón late más rápidamente y la presión sanguínea aumenta, la digestión se interrumpe (ya que esta función no es prioritaria en el momento del conflicto), y la sangre es requerida por el estómago y el intestino para suministrar al sistema nervioso central y a los músculos, el aparato reproductivo se bloquea y el organismo ha movilizado sus recursos para enfrentarse al peligro. También el sistema endocrino participa de la reacción de estrés, induciendo a la hipófisis, una glándula situada en el sistema límbico, a producir endorfinas (que tienen la capacidad de aliviar el dolor y nos preparan en el proceso de aprender y recordar) y las suprarrenales a producir noradrenalina y cortisol. La reacción al estrés, es un importante recurso para afrontar una amenaza física o de cualquier tipo que ponga en peligro nuestra vida. Pero es inadecuada en todas aquellas situaciones que requieren, por el contrario, reaccionar con calma y de manera racional.

Podemos definir los factores o causas de estrés.

Factores físicos:

1. Falta de sueño.
2. Temperaturas extremas.
3. Acumulación de personas o cosas.
4. Esfuerzo excesivo.
5. Ruido.
6. Sobreesfuerzo.
7. Cansancio.

Factores emocionales y mentales:

1. Desempleo.
2. Problemas estudiantiles.
3. Problemas laborales.
4. Problemas familiares.
5. Relación hijos/padres; padres/hijos.
6. Discusiones y gritos.
7. Falta de tiempo.

Todos estos factores repercuten como un inconveniente para realizar una dieta, ejercicio, meditación, relajación, etc. Altos niveles de estrés afectan en no llevar una vida saludable.

Síntomas del estrés:

1. Dolor de cabeza (migraña).
2. Mareos, desmayos.
3. Lagunas mentales.
4. Aumento en el ritmo cardíaco.
5. Confusión.
6. Ataques de pánico.
7. Sudoración.
8. Dolores musculares.
9. Desorientación.
10. Impaciencia.
11. Tendencia al llanto.
12. Fatiga física y/o psicológica.
13. Problemas de sueño.

14. Falta de concentración.
15. Dificultad para tomar decisiones.
16. Problemas digestivos.
17. Temblores en manos y piernas.
18. Aumento en el consumo de alcohol/tabaco.
19. Depresiones constantes.
20. Ataques de ira.

Estudios clínicos efectuados en pacientes enfermos de cáncer han demostrado que la mejor respuesta al estrés es la de movilizar los propios recursos para resolver el problema; los pacientes que actúan de este modo parecen arreglárselas mejor que los que reaccionan deprimiéndose o los que minimizan el problema. Estos estudios sugieren que una cierta dosis de estrés no es mala, sino que es positiva si se canaliza y se dirige hacia la resolución del problema. Puede, por el contrario, agravarse cuando el estrés es excesivo y lleva a un agotamiento, con el consecuente estado depresivo.

Dicho todo esto, es necesario comprender que el estrés es vida, todo lo que nos sucede es fuente de estrés, ya que modifica nuestra homeostasis interna y nos obliga a adaptarnos. El estrés no se evita, sino que se afronta, porque un organismo entrenado para solventar todas las situaciones tiene mayores posibilidades de resolver cualquier situación. Pero es importante no dejarse dominar por el estrés, debemos aprender a mirar en nuestro interior y a conocer las reacciones de nuestro organismo frente a las situaciones más diversas. Uno de los medios más potentes que se conoce para restablecer el control de nuestras facultades es el relajamiento muscular (no se puede estar tenso si los músculos están relajados).

Una característica del relajamiento muscular es la de hacernos más optimistas: el mismo problema analizado antes y después del relajamiento, parece muy diferente, y generalmente se proyectan soluciones en las cuales no habíamos pensado antes durante el estado de tensión.

Los grandes eventos estresantes se afrontan generalmente bien, mientras que el estrés de poca entidad, pero duradero, consume nuestras reservas hasta agotarlas llevándonos al colapso.

Cuando se habla de la distensión y relajación muscular, el primer problema que encontramos es la desconexión de la mente, que a través del sistema nervioso mantiene activos y en tensión todos (o casi todos) nuestros músculos. Las soluciones adoptadas son múltiples. Las religiones orientales sugieren repetir mentalmente un sonido, un mantra de manera repetida, que tiene el propósito de alejar los pensamientos inútiles que reactivarán la respuesta de estrés. Para los occidentales, son preferibles formas de distensión como el entrenamiento autógeno inventado por el Dr. Schultz, que nos permite alcanzar un estado de relajación total con algunas sesiones.

TÉCNICAS DE RELAJACIÓN

Una técnica de relajación es todo método, procedimiento o actividad que ayuda a una persona a reducir su tensión física y/o mental. Generalmente permiten que el individuo alcance un mayor nivel de calma, reduciendo sus niveles de estrés, ansiedad o ira. La relajación física y mental están íntimamente relacionadas con la alegría, la calma, el equilibrio y el bienestar personal.

Estos métodos emplean a menudo técnicas propias basadas, por lo general, en conocimientos y prácticas antiguas (yoga, Mindfulness, taichí, meditación), o bien, programas de control del estrés vinculados con la psicoterapia, la medicina psicosomática y el desarrollo personal.

La relajación de la tensión muscular, el descenso de la presión arterial, una disminución del ritmo cardíaco, la frecuencia respiratoria y un equilibrio físico o mental son algunos de los beneficios de estas técnicas en la salud. Sin embargo, no se dispone de evidencia científica que apoye la eficacia de algunos métodos.

El concepto de relajación puede entenderse de dos modos. En primer lugar, se define como un estado físico en donde los músculos se encuentran en reposo. También puede ocurrir el caso que una persona esté deprimida y sus músculos se encuentren en reposo, o se sienta relajada.

También es definida como un estado de conciencia de la calma y ausencia de tensión o estrés que provoca un estado de

TÉCNICA	FUNDAMENTOS EPISTEMOLÓGICOS	OBJETIVOS	MOVIMIENTO	ESTADO FÍSICO	CONDICIÓN MENTAL
Hipnósis	Concepción holística del hombre	Pedagógicos Clínicos Dinpamicos Psicoanalíticos	Puede ser sugerido	Hipnótico	Perceptiva, Representativa e imaginativa del cuerpo. Introspectiva y analítica mediante sugestiones, visualizaciones y vivencias
Relajación Progresiva de Jacobson	Orientación: Primer Nivel, Neurofisiológico. Segundo Nivel, Psicosomático	Relajación física, gestión de la ansiedad. Descondicionamiento, Imagen psicofísica.	Autogestión en condiciones de distensión.	Contraste híper e hipotónico. Procedimiento progresivo o por zonas corporales	Vivencias fundadas en la diferencia de percepción entre tensión y distensión. Nivel avanzado. Interferencias psicosomáticas.
Entrenamiento autógeno de Schulz	Concepción holística del hombre	Condición de bienestar psicofísico. Introspección. Dominio de sí mismo	No previsto	Hipnótico Procedimiento acumulativo o de sensaciones	Percepción, representación de imágenes del cuerpo. Producción de visualizaciones y vivencias.

TÉCNICA	FUNDAMENTOS EPISTEMOLÓGICOS	OBJETIVOS	MOVIMIENTO	ESTADO FÍSICO	CONDICIÓN MENTAL
Relajación psicosomática de Soubiran	Concepción Holística del Hombre. Pluridisciplinar; Psicomotor con niños, Psicosomáticos con adolescentes y adultos	Educación al conocimiento, a la sensibilidad kinestésica y el equilibrio tónico-emocional.	Pasivo y espintáneo; comentado por el operador.	Relajación-modificaciones fisiológicas y coordinación de tensión y distensión.	Disociación entre cuerpo inmóvil y cuerpo en movimiento. Activación de vivencias, de escucha interior y de autoconocimiento.
Relajación terapéutica De Bérges	Concepción holística del hombre. Pluridisciplinaria. Con acento psicodinámico no interpretativo.	Reestructuración de las reglas base de la comunicación verbal y no verbal, del esquemacorporal y de la imagen de sí mismo.	Previsto	Evolución tiempo tónico, respiratorio, abdominal y terminal. Propósito es focalizar la escucha, las percepciones y sensaciones generalizadas del cuerpo.	Vivencias del cuerpo: fases de concentración mental sobre aspectosdel cuerpomediante representaciones y visualizaciones. Toma de experiencia del "yo" cuerpo.

satisfacción tanto física como psicológica, donde el gasto energético y metabólico se reducen considerablemente.

No todas las técnicas de relajación requieren ejercicio físico, algunas necesitan solo tranquilidad. Pero en todos los casos, el ritmo y la calidad de la respiración son esenciales.

RESPIRACIÓN COMPLETA

La respiración completa, también conocida como respiración yoga, es un ejercicio clásico del yoga que se realiza unificando tres tipos de respiración: abdominal, torácica y clavicular. Más allá de promover la relajación y mejorar la oxigenación, esta técnica proporciona entrenamiento en el autocontrol, ya que dirigimos voluntariamente todo el proceso. Aporta serenidad, claridad y concentración, siendo excelente a todos los niveles: físico, emocional y mental.

BENEFICIOS DE ESTA RESPIRACIÓN:

- Aprovecha y amplía nuestra capacidad pulmonar.

- Proporciona una gran oxigenación.

- Activa la circulación y tonifica el corazón.

- Masajea los órganos internos.

- Nos entrena en el autocontrol.

- Mejora la percepción de uno mismo y, por ende, la autoestima.

- Proporciona serenidad y concentración.

CÓMO SE PRACTICA

- Se puede practicar tanto tumbado como sentado, pero para empezar es aconsejable hacerlo recostado cómodamente para centrar toda la atención en el ejercicio.

- Comienza expulsando el aire varias veces hasta que los pulmones estén completamente vacíos.

- Inspira lentamente y de forma profunda llevando el aire hacia la parte baja de los pulmones (respiración abdominal).

- Continúa inspirando mientras expandes la zona de las costillas.

- Cuando la zona costal esté dilatada, sigue inspirando un poco más mientras levantas las clavículas. Los pulmones están ahora llenos de aire.

- Reten el aire unos instantes sin tensar el rostro, el cuello o los hombros.

- Comienza la expulsión haciendo que el aire salga primero de la parte clavicular, luego de la zona costal, y finalmente de la zona abdominal, expulsando todo el aire.

- Mantén los pulmones vacíos unos instantes y cuando sientas el impulso de inspirar, repite los pasos anteriores.

DEJAR LA MENTE EN BLANCO

- Los pensamientos surgen sin darnos cuenta. Con esta técnica no los eliminamos, pero podemos mantener cierta distancia con ellos.

- Mientras realizamos el ejercicio de respiración, nos concentramos únicamente en la respiración, su sonido y ritmo.

- Para empezar, podemos intentar cinco respiraciones completas sin dejar que los pensamientos nos invadan. Cuando surja alguno, intentaremos dejar la mente en blanco.

- Con la práctica, adquirimos dominio físico y mental.

CAPÍTULO 5

137

ALIMENTACIÓN CONSCIENTE

Disfruto mi comida y como con consciencia

Anónimo

Comer es necesario para la vida y cumple la función de supervivencia, en este caso, de la especie humana. Los sabores de los alimentos nos proporcionan placer, y eliminan el malestar que sentimos con el hambre. Nuestra biología ha desarrollado señales potentes que nos llevan a comer: el hambre, o para parar de comer: la saciedad. En definitiva, comer nos da placer, satisfacción, calma, bienestar físico y psicológico, incluso consuelo. Comer es una respuesta natural que se produce en nuestro cerebro, gracias a los mecanismos de recompensa.

La alimentación influye en nuestro desarrollo corporal, cognitivo, intelectual y emocional. Acompaña nuestras funciones fisiológicas y representa un elemento cultural, de relación y comunicación con otros. La forma en que nos alimentamos está influida por factores biológicos, geográficos, sociales, culturales y emocionales. Combinados según la situación de cada persona, determinarán cómo nos alimentamos. En la interacción de dichos factores surgen conflictos: comer alimentos sabrosos, pero poco alimenticios que, en exceso, pueden llegar a ser dañinos para nuestra salud, o incluso pueden llegar a estar prohibidos en algunos casos. También la existencia de alimentos que activan una respuesta de adicción de parte de nuestro sistema, alimentos que representan un estilo de vida, un estatus social, y que en muchos casos pueden ir en contra de nuestra salud biológica. La forma en que comemos refleja cómo somos, cómo nos encontramos física y psicológicamente, nuestra capacidad para afrontar y resolver problemas, nuestra regulación emocional, y nuestro bienestar y felicidad.

Gran parte de lo que somos o vivimos lo relacionamos con la comida: momentos importantes durante nuestra infancia, adolescencia y adultez, celebraciones y acontecimientos memorables. Pero también podemos recurrir a la comida cuando sentimos estrés, ansiedad, tristeza o miedo.

Una de las primeras consecuencias de esta forma en cómo nos relacionamos con la comida puede ser el sobrepeso, que si continúa incrementándose en el tiempo, puede llevar a la obesidad, es decir, a una enfermedad que es crónica, multifactorial, asociada a otras morbilidades y también patologías psicológicas como los trastornos de la conducta alimentaria, trastornos del ánimo y trastornos ansiosos, etc., pudiendo conducir a la persona a la muerte, o acortar la vida, o llevar a una mala calidad de vida cotidiana.

La alimentación, entonces, es una de las áreas importantes a considerar cuando hablamos de estilo de vida saludable. Por estos motivos, es importante aplicar conductas reparadoras o corregir malos hábitos relacionados con la comida, ya sea para recuperar la salud o prevenir futuras enfermedades. Una buena relación con la comida mejorará nuestra calidad de vida y aumentará nuestro bienestar físico y psicológico.

ALIMENTACIÓN SALUDABLE

*Que la comida sea tu medicina,
y que tu medicina sea tu comida.*

Hipócrates

La alimentación saludable es aquella que permite alcanzar el funcionamiento óptimo del organismo, conservar o restablecer la salud y disminuir el riesgo de padecer enfermedades. Cada persona tiene requerimientos nutricionales en función de su edad, sexo, talla y actividad física, recordando además que no es lo mismo alimentarse que nutrirse.

Es importante seguir una dieta equilibrada tanto en macro-nutrientes como micronutrientes, distribuyendo los alimentos en 5 raciones diarias: desayuno, almuerzo y cena más dos me-riendas, una por la mañana y otra por la tarde.

Una dieta saludable ayuda a protegernos de la malnutrición en todas sus formas, así como de las enfermedades no transmisi-bles, entre ellas la diabetes, las cardiopatías, los accidentes cere-brovasculares y el cáncer.

Los hábitos alimentarios sanos comienzan en los primeros años de vida; la lactancia materna favorece el crecimiento sano y mejora el desarrollo cognitivo; además, puede proporcionar beneficios a largo plazo, entre ellos la reducción del riesgo de sobrepeso y obesidad, y de enfermedades no transmisibles en etapas posteriores de la vida.

En este capítulo abordaré la importancia de una alimenta-ción consciente desde un enfoque psicológico, y como podemos favorecer nuestra salud física y mental a través de la forma en cómo nos alimentamos considerando la selección de los alimen-tos, la preparación y la forma en cómo comemos, ampliando nuestros niveles de consciencia en ese ámbito de nuestra vida y desarrollo humano.

DESENCADENANTES DEL COMER

Cada vez que comes, es una oportunidad de nutrir a tu cuerpo.

María. C Holmes

HAMBRE Y SACIEDAD

En el cuerpo, el sistema neuroendocrino y el hipotálamo son los encargados de regular el hambre, la saciedad y el balance energético. Esta regulación se da a través de una red compleja de circuitos neurohormonales que transmiten señales de hambre o saciedad al sistema nervioso central. Estas señales movilizan a la persona a tomar alimento, masticarlo, degustarlo y finalmente tragarlo. Cuando se alcanza la saciedad, el sistema nervioso transmite señales para rechazar la ingesta adicional de alimentos.

En el acto de comer, varios factores influyen en nuestra percepción y consumo de alimentos:

- Tipo de alimento y bebida: su tamaño, textura y cantidad.

- Número de bocados, masticaciones y pausas durante la comida.

- Duración del tiempo de comida.

- Percepciones sensoriales: variedad, texturas, palatabilidad, tacto, olfato, vista y oído de los alimentos.

- Pensamientos durante la comida o distracciones que pueden afectar la atención en la comida.

- Actividades realizadas durante la comida, relacionadas o no con la misma.

- Localización del lugar de consumo alimentario.

- Interacción social durante la comida.

Es fácil distraerse y perder la percepción de las señales de saciedad que indican el fin de la ingesta de alimentos. Las dietas de adelgazamiento suelen ajustar la alimentación diaria a un número específico de calorías, pero el cuerpo y el metabolismo cambian diariamente debido a varios factores como cambios hormonales, actividad física, calidad del sueño, entre otros. Por lo tanto, es importante tener una buena conexión con nuestro cuerpo para percibir con claridad las señales de hambre y saciedad que nos da, y ajustar nuestra ingesta diaria en consecuencia.

EL APETITO

En este apartado, se exploran las diferencias entre el hambre y el apetito, subrayando la importancia de distinguirlos para establecer hábitos alimenticios saludables.

El hambre es una necesidad fisiológica del organismo. Satisfacer esta necesidad es crucial para el adecuado funcionamiento del cuerpo y la mente, ya que proporciona los nutrientes necesarios (vitaminas, minerales, carbohidratos, grasas, etc.). El hambre es un instinto de supervivencia que se manifiesta cuando el cuerpo requiere alimento.

Por ejemplo, tener hambre a las 15:30 horas, sin haber desayunado previamente y tras haber estado activo desde las 8:00, es una sensación habitual cuando el cuerpo necesita alimentarse para funcionar correctamente.

Por otro lado, el apetito se relaciona con el placer, donde la mente (no el organismo) busca la ingesta de alimentos que satisfagan una sensación placentera. En muchos casos, el apetito está vinculado a alimentos ricos en azúcar, como la repostería industrial. Es importante distinguirlo del apetito saludable, que se satisface con alimentos como la fruta o frutos secos, por ejemplo.

Sentir hambre a las 14:30, tras haber comido adecuadamente a las 13:30, no es normal. En estas situaciones, las ganas de comer están relacionadas con buscar placer en la comida.

Es fundamental tener en cuenta que, excluyendo las dietas poco saludables o incorrectamente llevadas a cabo, el apetito es una de las razones que pueden obstaculizar la pérdida de peso. En estos casos, el apetito, en cualquier forma, es un hábito negativo que debe intentar evitarse.

En la mayoría de los casos, no es fácil distinguir entre tener hambre y tener apetito. El hipotálamo, es la parte de nuestro cuerpo que se encarga de gestionar y analizar toda la información que se envía al organismo cuando se va a proceder a ingerir alimentos. La misión principal del hipotálamo es avisar cuando se han ingerido suficientes alimentos para el cuerpo.

No es difícil engañar a esta glándula, sobre todo, con los alimentos que producen placer, que nos convencen de la necesidad de seguir ingiriendo más comida. Las comidas que consiguen "despistar" al hipotálamo son aquellas con gran cantidad de carbohidratos (chocolates, alimentos procesados) y las grasas. Estos estimulan las zonas cerebrales relacionadas con el placer y la adicción, que son las mismas, por ejemplo, que el tabaco y el alcohol.

CAUSAS DEL COMER SIN HAMBRE

Estímulos que nos llevan a comer sin hambre:

Factores ambientales:
- Ver comida apetitosa.
- Oler comida tentadora.
- La publicidad sobre comida.
- El tamaño de las porciones.
- La comida (comer por costumbre).
- Eventos sociales.
- Comer las sobras.
- Comer "obligado", el postre que la abuela nos preparó especialmente.
- Horarios de alto riesgo, cuando llegamos a casa a la tarde.
- Las vacaciones.

Desencadenantes corporales:
- Sed.
- Cansancio.
- Dolor y/o malestar en el cuerpo.
- Deseo de masticar, de hacer crujir algo en la boca, saborear.
- Reflejo de salivación cuando estamos delante de comida tentadora.
- Síndrome premenstrual (deseo de comer carbohidratos y chocolate).
- Efectos de la medicación (ciertos psicofármacos).

Desencadenantes mentales:
- Creencias, pensamientos.

- Estrés.
- Tristeza.
- Aburrimiento.
- Ansiedad.
- Depresión.
- Soledad.
- Insatisfacción.
- Angustia.
- Intranquilidad.
- Costumbre.
- Carencias afectivas

Los hábitos son los que aseguran una buena alimentación:

- Marcar horarios: Establecer horarios fijos para las comidas puede ayudar a regular el apetito, ya que el cuerpo se acostumbra a recibir alimentos en momentos específicos. Esto puede evitar comer impulsivamente fuera de estos horarios.

- Gestionar el estrés: La meditación y la relajación pueden ser herramientas útiles para controlar los momentos de estrés que pueden llevar a comer de forma impulsiva. Al reducir el estrés, se puede evitar recurrir a la comida como una forma de escape emocional.

- Dormir adecuadamente: Mantener un patrón de sueño regular y suficiente es importante para equilibrar las señales de hambre y saciedad. La falta de sueño puede alterar las hormonas que regulan el apetito, lo que puede llevar a comer más de lo necesario.

- Eliminar las tentaciones: Para lograr objetivos como bajar de peso, es importante no tener a mano alimentos que puedan desencadenar episodios de comer impulsivamente. Eliminar los dulces u otros alimentos poco saludables de la casa puede ayudar a evitar la tentación.

EL BALANCE ENERGÉTICO

No tienes que comer menos, solo comer lo necesario.

Autor Desconocido

El **balance energético** es el estado de equilibrio entre la energía que consumimos y la que gastamos. Obviamente, en este proceso intervienen diferentes factores como la edad, el género o la genética, entre otros. Por ello, los indicadores son distintos para cada persona, tal y como explica la nutricionista Romina F. Díaz en su publicación "Alimentación y balance energético".

La energía es el combustible que nos mantiene activos, promueve nuestro desarrollo y permite el funcionamiento de los procesos del organismo y de la actividad de los órganos vitales, lo cual se conoce como **metabolismo basal o gasto metabólico basal** y representa entre el 50 y el 70% del gasto energético total.

Equilibrar la energía es la clave para mantener un peso estable, ya que de esta forma las calorías ingeridas están al mismo nivel que las calorías gastadas a lo largo del día. Por lo que lo ideal es mantener la balanza en equilibrio con un **balance energético neutral.** Es decir, que el gasto energético sea similar al consumo energético. No obstante, cuando esto no es así, nos encontramos con dos **tipos de balances energéticos:**

Balance energético positivo

El consumo energético es mayor que la energía gastada, lo cual deriva un aumento de peso, ya que el exceso de calorías se almacena en forma de grasa en los depósitos del tejido adiposo del cuerpo; por lo que, en caso de comer más de lo que gastamos, es más probable que subamos de peso.

Si tu propósito es aumentar la masa muscular deberás generar un **superávit calórico** (equilibrio energético positivo) y, por lo tanto, tendrás que aumentar la ingesta calórica para potenciar el crecimiento muscular.

Balance energético negativo

Se produce cuando el gasto energético es superior a la ingesta y, en este caso, se refleja en una pérdida del peso corporal.

Esta puede producirse por un aumento de la actividad física o una reducción en el consumo de comidas.

Si tu objetivo es adelgazar, deberás crear un <u>déficit calórico</u> (equilibrio energético negativo). Es decir, tendrás que consumir menos calorías de las que gastas o a la inversa, gastar más calorías de las que ingieres.

Balance energético, ingesta y gasto calórico

Para sintetizar lo que representa el **balance o equilibrio energético**, debemos tener en cuenta algunos conceptos clave:

Ingesta energética: depende de los hábitos alimenticios y es un patrón modificable.

Gasto energético: responde a la energía que gastamos realizando actividad física y estando en movimiento durante todo el día, lo cual también es adaptable y cambiante.

Gasto basal: se refiere a la energía que utiliza nuestro organismo para funcionar y sobre ello se incluyen procesos no modificables como el metabolismo y la termogénesis (la capacidad del cuerpo humano para generar calor).

¿De qué factores depende el balance energético?

Los expertos coinciden en que los **factores que contribuyen a un equilibrio energético** son tanto ambientales como genéticos.

Factores ambientales

La dieta, el nivel y la frecuencia de ejercicio, y los hábitos diarios que establecemos tienen un impacto significativo en nuestro equilibrio energético. Además, factores como el descanso, la temperatura ambiental, incluso nuestra microbiota, también influyen en este equilibrio.

Factores genéticos

Además de la edad y el género, la composición corporal, el metabolismo basal y el conjunto de la herencia genética puede influir en un 40% del **gasto energético** de una persona, según corroboran catedráticos de Nutrición y Bromatología de la Universidad de Navarra.

LA IMPORTANCIA DE UN BUEN EQUILIBRIO ENERGÉTICO

Mantener un equilibrio energético nos ayuda a tener un estado de salud favorable y evitar enfermedades como la obesidad, cuya prevalencia en el mundo se ha casi triplicado desde 1975, según datos de la Organización Mundial de la Salud (OMS).

Para mantener un equilibrio energético adecuado y promover la salud, además de llevar una dieta equilibrada, es crucial mantenerse activo. Nuestro cuerpo está diseñado para moverse, y la inactividad puede conducir a un mayor riesgo de enfermedades cardiovasculares y obesidad.

Por lo tanto, realizar actividad física regularmente es una de las mejores formas de prevenir enfermedades y cuidar nuestra salud.

EL ESTRÉS Y LA ANSIEDAD ASOCIADOS A LA ALIMENTACIÓN

Una buena nutricióncrea salud en todos los áreas de tu existencia. Todas las partes están interconectadas.

T. Collin Campvell

Tanto la ansiedad como el estrés son comúnmente obstáculos para establecer hábitos saludables, potenciar virtudes necesarias, relajarse, desarrollar la capacidad de superación y mantener una actitud positiva.

Como se mencionó, el estrés puede definirse como un proceso complejo desencadenado por diversas causas ambientales a las que el individuo debe responder adecuadamente, utilizando recursos específicos. Cuando la demanda supera los recursos disponibles, el cuerpo experimenta una serie de reacciones naturales que implican una activación fisiológica.

Cualquier situación puede generar estrés y provocar una respuesta emocional, ya sea el nacimiento de un hijo, un problema laboral o incluso una llamada telefónica. No es necesario que estos eventos sean extremadamente intensos, sino que a menudo son situaciones que perduran en el tiempo.

Es importante tener en cuenta que lo que causa estrés en algunas personas puede ser insignificante para otras. Algunas pueden sentirlo ante un partido de fútbol, mientras que para otras, una reunión familiar puede serlo.

Los factores o causas de estrés pueden dividirse en físicos y emocionales/mentales.

Factores físicos:

- Falta de sueño.
- Acumulación de personas o cosas.
- Temperaturas extremas.
- Esfuerzo excesivo.
- Ruido.
- Sobreesfuerzo.
- Cansancio.
- Hambre.
- Factores emocionales y mentales:

- Desempleo.

- Problemas académicos.

- Problemas laborales.

- Problemas familiares.

- Relaciones familiares.

- Discusiones y conflictos.

- Falta de tiempo.

Todos estos factores contribuyen a la falta de hábitos definidos, lo que dificulta la dedicación adecuada a una dieta, ejercicio, meditación, relajación, etc. Altos niveles de estrés pueden impedir llevar una vida saludable, afectando tanto al aspecto físico como al mental, lo que puede llevar a la frustración y obstaculizar cualquier intento de adelgazar.

Las sensaciones perjudiciales que acompañan a la ansiedad y especialmente al estrés incluyen taquicardia, palpitaciones, dificultades respiratorias, dolor abdominal, escalofríos, sensación de ahogo, etc. Estas sensaciones afectan significativamente nuestras experiencias vitales y dificultan la tranquilidad emocional necesaria para alcanzar objetivos como adelgazar. La ansiedad también puede desencadenar la necesidad de comer como forma de calmarla, lo que no solo obstaculiza el proceso de adelgazamiento, sino también, mantener un peso saludable.

Investigaciones han demostrado que comer mientras se está preocupado, triste, estresado o ansioso puede interferir en la digestión adecuada y el procesamiento correcto de los alimentos, lo que puede llevar a un aumento de peso significativo.

EL SOBREPESO Y LA OBESIDAD

Tanto el sobrepeso como la obesidad son problemas presentes a nivel mundial, independiente del nivel de desarrollo socioeconómico de cada país. Ambos son causados por múltiples factores.

Es importante que todas las personas tengan conocimientos sobre cómo cuidarse física y psicológicamente, estén informadas sobre los mecanismos que impulsan a comer, las cantidades de alimentos que consumen y las consecuencias negativas del sobrepeso y la obesidad. También es crucial que conozcan las herramientas disponibles para ayudarles a solucionar o prevenir estos problemas.

En este sentido, el *Mindful Eating* o alimentación consciente ha sido científicamente confirmado como una herramienta efectiva para prevenir el sobrepeso y la obesidad, así como para abordarlos una vez que se manifiestan, y para desarrollar y mantener hábitos y conductas saludables.

El recién publicado Atlas mundial de obesidad 2023 predice que más de 4.000 millones de personas en el mundo, el 51% de la población global, sufrirán sobrepeso y obesidad en 2035, frente a los 2.600 millones de 2020. Señala, además, que una de cada cuatro personas será obesa.

La obesidad es uno de los principales factores de riesgo para numerosas enfermedades no transmisibles crónicas, entre las que se incluyen la diabetes, enfermedades cardiovasculares, hipertensión, accidentes cerebrovasculares, incluso algunos tipos de cánceres.

El nuevo informe advierte que la obesidad infantil aumenta "particularmente rápido", y calculan que casi 400 millones de niños vivirán con obesidad en 2035, a menos que se tomen medidas significativas. Según el informe nueve de los diez países que se estima verán los mayores aumentos de obesidad son de ingresos medio-bajos o bajos.

Al hilo del tema, en octubre de 2022 se realizó en Inglaterra un estudio multifactorial que ha sido publicado por la organización Nuffield Trust, en el que se explora la relación del sobrepeso y la obesidad en relación a factores como los bajos ingresos, el desempleo, la pobreza o el acceso a espacios verdes, entre otros.

El sobrepeso y la obesidad, así como las enfermedades no transmisibles asociadas, pueden prevenirse en cierta medida. Además de las políticas que se pueden adoptar a nivel global, a nivel individual se deben realizar cambios en los hábitos alimentarios, como limitar la ingesta de azúcares, grasa y sal, reduciendo el consumo de alimentos ultraprocesados, por ejemplo. También es importante aumentar el consumo de frutas, verduras, legumbres, cereales integrales y frutos secos, y seleccionar el agua como bebida principal.

LAS 9 CLASES DE HAMBRE

¿Qué tipo de hambre tengo cuando digo que tengo hambre?

La doctora Jan Chozen Bays es experta en alimentación consciente y en su libro "Comer atentos: Guía para redescubrir una relación sana con los alimentos" describe 7 tipos de hambre diferentes.

1. **Hambre por la vista:** Es el tipo de hambre que nos hace comer incluso cuando nuestro estómago está lleno, como cuando vemos la carta de postres de un restaurante o un anuncio de comida rápida con una hamburguesa grande y jugosa. Este tipo de hambre puede anular cualquier señal fisiológica de saciedad que venga de nuestro cuerpo, pero al reconocer que "comemos por los ojos" damos un gran paso.

2. **Hambre olfativa:** Los aromas y sabores nos incitan a comer, como el olor a palomitas en el cine o al pasar por una pastelería.

3. **Hambre auditiva:** El sonido de los alimentos al comerlos despierta nuestro apetito, como el crujir de las galletas o de unas chips. Si este sonido no se produce, el hambre desaparece rápidamente.

4. **Hambre de boca o bucal:** La boca constantemente busca nuevos sabores y texturas. Poner atención a cómo nuestra boca experimenta sabores y texturas nos ayuda a estar más presentes en lo que comemos.

5. **Hambre por el tacto:** Involucra al tacto y a las manos al comer ciertos alimentos. Sin esta sensación táctil, el interés y el apetito por ese alimento disminuyen. Ejemplos son los tacos, las hamburguesas, las mazorcas de maíz, el pollo rebozado o los perritos calientes.

6. **Hambre estomacal:** Cuando parece que nos "duele el estómago de hambre" normalmente es porque notamos movimientos en el estómago. Puede ser una señal de que nuestro cuerpo necesita combustible, pero también puede ser causado por preocupaciones o nerviosismo, interpretando esa sensación como hambre.

7. **Hambre celular o corporal:** Este tipo de hambre se produce cuando tu cuerpo necesita energía para funcionar correctamente. A veces, viene acompañado de sensación de desmayo

o falta de energía, pero ignoramos esas señales y seguimos con nuestras actividades, llegando exhaustas a la siguiente comida con un hambre voraz.

A estos 7 tipos de hambre se han agregado también dos tipos más de hambre:

8. **Hambre mental:** Pensamientos como "debería comer menos grasas", "debería desayunar más porque quizás no tenga tiempo para almorzar" y "me voy a premiar con un helado" son ejemplos de hambre mental. Estudios recientes indican que cuando tienes esos pensamientos, tu mente en realidad te está pidiendo que cambies alguna situación vital. Esto puede llevarte a hábitos insanos de alimentación basados en la preocupación.

9. **Hambre de corazón:** Sentir un vacío en el corazón es una experiencia humana común. Todos buscamos alimentos que nos ayuden a generar emociones agradables y a sentirnos felices. Por ejemplo, es posible que desees comer helado cuando estás sola porque te recuerda las vacaciones de verano. La doctora Bays afirma que "la mayoría de los desequilibrios con la comida son causados por no ser conscientes del hambre del corazón, y ningún alimento puede satisfacer este tipo de hambre. Para saciarlo, debemos aprender a alimentar nuestros corazones sin comida".

De estos 9 tipos de hambre, solo la estomacal y la corporal se satisfacen con comida. Los otros tipos no se relacionan con alimentos y solo serán "engañados" por la comida temporalmente. Al ser consciente de estos tipos de hambre, puedes tomar decisiones más conscientes la próxima vez que la sientas.

ESTILO, HABILIDADES Y HÁBITOS EN LA ALIMENTACIÓN

"Una comida bien equilibrada es como un poema al desarrollo de la vida".

Anthony Burgess

¿CÓMO IDENTIFICAR NUESTRO ESTILO DE ALIMENTACIÓN?

La conducta alimentaria se define como el comportamiento habitual relacionado con los hábitos de alimentación, la elección de alimentos que consumimos, cómo los preparamos y las cantidades que ingerimos.

El estilo de alimentación se refiere a nuestra manera de alimentarnos, lo cual afecta cómo comemos, sentimos hambre y saciedad. En los seres humanos, los estilos de alimentación, preferencias y rechazos hacia ciertos alimentos están estrechamente ligados al aprendizaje y experiencias vividas durante los primeros cinco años de vida. Generalmente, los niños incorporan la mayoría de los hábitos y prácticas alimentarias de su entorno antes de esa edad. La madre, figura significativa o cuidador, desempeña un papel crucial en la educación y transmisión de pautas alimentarias a los hijos, centrándose en proporcionar herramientas preventivas contra enfermedades relacionadas con la conducta alimentaria.

Posteriormente, este estilo puede modificarse según el contexto, el entorno social o los lugares que frecuentamos.

Existe una estrategia conocida como las 6 W de la alimentación, que se refiere a las primeras letras de los adverbios en inglés: What (qué), Who (quién), How (cómo), When (cuándo), Where (dónde) y Why (por qué). Estas preguntas nos ayudarán a comprender nuestro estilo de alimentación y nuestra conducta alimentaria.

What (qué): Se refiere a identificar un tema específico y concreto sobre nuestra relación con la comida.

Who (quién): Identificar a los protagonistas involucrados en la acción, ya sea personas externas, varias personas o nosotros mismos (dependiendo de con quiénes comemos o si lo hacemos solos).

How (cómo): Describir las circunstancias en las que ocurre el tema específico, es decir, explicar cómo se desarrolla lo que identificaste en la sección "What".

When (cuándo): Se refiere al momento en que sucede, contextualizando la acción: cuando sentimos hambre, cuando disponemos de tiempo, en qué momento del día.

Where (dónde): El lugar donde ocurre la acción o los lugares.

Why (por qué): Explicar las razones detrás de las circunstancias, qué motiva dicha acción o si algo inesperado provoca un cambio en ella.

HABILIDADES PARA CAMBIAR NUESTROS HÁBITOS Y RELACIÓN CON LA COMIDA

Mindful Eating es una forma de familiarizarnos con la guía de nuestra nutricionista interior.

Jan Chozen Bay

Puede resultar desafiante modificar hábitos alimentarios erróneos, especialmente si se han arraigado durante mucho tiempo. Sin embargo, es crucial establecerlos para evitar problemas de malnutrición, tanto por déficit como por exceso de ingesta. El primer paso consiste en explorar y entender nuestros hábitos alimenticios antes de comenzar a cambiarlos gradualmente.

Para esta exploración y modificación, podemos emplear los cinco mecanismos propuestos por la práctica del *mindfulness* y, específicamente, por el *Mindful Eating*, que detallaré más adelante.

Explorar nuestros hábitos alimentarios implica:

1. Reconocer y ser conscientes de las sensaciones físicas de hambre y saciedad, así como de nuestras emociones, para poder elegir libremente cuándo comenzar y cuándo terminar de comer.

2. Elegir los alimentos de manera sabia: es fundamental preguntarnos qué beneficios nos aportan los alimentos que consumimos. Además, la alimentación consciente implica seleccionar alimentos por el placer que nos generan, además de por su valor nutricional.

3. Disfrutar más de la comida, eligiendo la cantidad adecuada sin caer en excesos. Nuestras papilas gustativas nos indican la saciedad cuando comienzan a adormecerse, así que es importante saber cuándo detenernos para no perder el disfrute de comer.

4. Aprender a responder adecuadamente a las señales de hambre y saciedad, siendo conscientes de cuándo nuestro estómago está correctamente saciado.

5. Reconocer los estímulos externos (ambientales) o internos (físicos o mentales) que influyen en nuestros hábitos alimentarios.

Para cambiar de un estado de distracción a uno de presencia que nos permita aumentar la consciencia y reducir la frustración hacia nuestros patrones de conducta alimentaria, podemos prestar atención a varios aspectos del acto de comer:

1. Identificar los desencadenantes específicos que nos llevan a comer en exceso, ya sean ambientales, corporales o mentales.

2. Reconocer patrones de conducta arraigados que actúan como obstáculos, como los mensajes recibidos durante la infancia ("debes terminarte todo", etc.).
3. Estar atentos a los mensajes de marketing que nos incentivan a elegir alimentos ultraprocesados y poco nutritivos.
4. Practicar la pausa y la observación sin reaccionar ante los desencadenantes del comer sin hambre.
5. Disfrutar de alimentos placenteros en porciones adecuadas, poniendo atención tanto en el sabor como en la cantidad.

Estas estrategias aumentan la autoconciencia y reducen los episodios de alimentación emocional o influenciada por factores externos, comenzando así a interrumpir los hábitos repetitivos.

Para captar estos aspectos, es esencial activar procesos de atención y focalización voluntaria hacia estímulos seleccionados, concentrándonos en detalles y aspectos de la experiencia que a menudo pasan desapercibidos. El proceso de atención es como un músculo que podemos entrenar, permitiéndonos mantener un contacto consciente con nuestras experiencias internas y externas a lo largo del tiempo.

El COMER EMOCIONAL

*El camino hacia una alimentación saludable
debe ser un proceso agradable,
y no convertirse en una auto imposición
para que bajemos y sea de temporada.*

Anónimo

Las emociones frecuentemente actúan como estímulos que nos llevan a responder automáticamente con la acción de comer. Este patrón se desarrolla desde la infancia: respondíamos al impulso de hambre llorando y nuestros cuidadores nos calmaban con comida. De adultos, esto puede llevarnos a regular la tristeza o la pena con la comida.

Es importante saber que existen seis emociones universales innatas, además de otras que se desarrollan con el entorno social. En general, la mayoría de las personas identifican internamente un número limitado de emociones similares a estados de alegría, tristeza, ira o malestar general. Algunos tienen dificultad para reconocer sus emociones y sensaciones corporales, lo cual dificulta escuchar su mundo interno.

Cuando recurrimos a alimentos ultraprocesados (pobres en nutrientes), generalmente intentamos regular emociones a través de la comida o evitamos enfrentar estados emocionales; sin embargo, regular emociones intensas o persistentes a través de la comida puede ser difícil de mantener.

Aunque solemos subestimar la influencia de las emociones en nuestra alimentación, existen motivos biológicos y características de los alimentos que estimulan el apetito. Las emociones, ya sea facilitando la ingesta de ciertos alimentos o modulando estados emocionales, tienen un impacto significativo en nuestro comportamiento alimentario.

Los alimentos presentan diversas características sensoriales que pueden aumentar el apetito incluso sin una necesidad objetiva de comida. Estos estímulos se procesan por separado en el cerebro para su análisis y se integran luego para formar una representación mental del alimento, independientemente del hambre física de la persona.

Ante la sensación de hambre, simplemente comer puede alterar el estado emocional, reduciendo la irritabilidad y aumentando la calma y el afecto positivo. Por otro lado, las personas con un estilo de vida activo que buscan mejorar su energía mental, a menudo recurren a suplementos dietéticos para equilibrar sus nutrientes, lo que mejora su estado de ánimo.

Diversos estudios han concluido que la alimentación puede regular las emociones y viceversa:

Las emociones provocadas por las características estimulantes de los alimentos afectan nuestras elecciones alimentarias.

Emociones intensas pueden suprimir la ingesta debido a respuestas emocionales incompatibles.

Emociones moderadas afectan la alimentación según la motivación para comer.

En situaciones de restricción alimentaria, emociones negativas pueden aumentar la ingesta debido a la falta de control cognitivo.

En condiciones normales, las emociones influyen en la alimentación en función de características cognitivas y motivacionales individuales.

Las emociones como el aburrimiento, la culpa, la tristeza, la soledad, el estrés y la ansiedad pueden desencadenar el comer emocional.

¿Cómo reconocer el hambre emocional?

El hambre emocional comienza con una sensación difusa de vacío o ansiedad, a diferencia del hambre física, que se centra en el estómago. Es repentina y responde a desencadenantes externos o internos, mientras que el hambre física es progresiva.

El hambre emocional se experimenta como urgente y necesita satisfacción inmediata, mientras que el hambre física puede esperar. Provoca antojos por alimentos ricos en grasa, sal y azúcar, mientras que en el hambre física cualquier comida puede satisfacer.

Después de comer por hambre emocional, se suele sentir culpa y auto-reproche, mientras que comer por hambre física suele proporcionar satisfacción.

La psicología ha demostrado que el equilibrio mente-cuerpo es crucial para la salud física y psicológica. Para lograr esta armonía, es fundamental identificar y discriminar nuestras emociones, reconociendo cuáles son saludables y cuáles no.

ATRACONES

Al consumir alimentos ricos en azúcares, experimentamos placer debido a la secreción de serotonina, dopamina y endorfinas en el cerebro. Esta sensación placentera se refuerza cada vez que repetimos el consumo de ese alimento, guiados por nuestros pensamientos o emociones: "¿Recuerdas la última vez que comiste ese delicioso chocolate y te sentiste así? Vamos a comerlo de nuevo." Con el tiempo, este comportamiento se convierte en un hábito automático.

Además, los alimentos altos en azúcares provocan fluctuaciones abruptas de glucosa en la sangre, seguidas de una baja rápida de azúcar, lo cual nos impulsa a seguir comiendo esos alimentos. Esto puede llevar a una ingesta compulsiva, ya sea de alimentos altos en azúcares o hipercalóricos.

ANTOJOS CONSCIENTES

A veces, los antojos surgen por no haber comido suficiente en la última ingesta o por horarios irregulares de comidas principales. Para recuperar el control, se necesita un enfoque dual: la orientación de un dietista-nutricionista y el apoyo de un psicólogo para explorar las emociones que de-sencadenan antojos no relacionados con el hambre fisiológica.

Una estrategia efectiva es posponer el antojo, ya que típicamente dura entre 3 y 5 minutos según investigaciones. Desde el punto de vista nutricional, reducir gradualmente las cantidades es una técnica valorada. Por ejemplo, si diariamente se te antoja beber dos litros de cola, se puede comenzar reduciendo el tamaño de la porción y luego la frecuencia de consumo, alternando días.

Es crucial abordar desde la parte psicológica por qué se elige ciertos alimentos en ciertas situaciones emocionales, explorando si hay sentimientos de culpa, ansiedad o enojo asociados con estas elecciones.

También, es importante no obsesionarse: cuando los antojos son esporádicos, no hay motivo de preocupación. Sin embargo, si se vuelven recurrentes y difíciles de manejar racionalmente, pueden generar sentimientos de culpa.

En resumen, si el antojo de comer un postre, un trozo de queso, chocolate, fresas con crema o snacks salados es frecuente, puede ser mejor no buscar alternativas constantemente. En cambio, si ocurre ocasionalmente, existen opciones saludables para satisfacer estos antojos.

María Colomer, dietista-nutricionista, sugiere prepararse con antelación para enfrentar los antojos de manera efectiva, proponiendo algunas alternativas saludables:

- Sustituir helados por yogures congelados bajos en grasa.

- Reemplazar cereales muy azucarados por mezclas de avena con albaricoques secos picados y canela.

- Si el antojo es por algo salado, tener a mano chips de boniato o zanahoria.

ALIMENTACIÓN CONSCIENTE O MINDFUL EATING

*La alimentación consciente
no se trata de lo que comes
sino de cómo lo comes.*

Anónimo

ALIMENTACIÓN CONSCIENTE

La expresión "alimentación consciente" proviene del concepto de mindfulness, o atención plena en castellano. Se refiere a un estado de la mente que todos nosotros tenemos. Este estado se caracteriza por dirigir la atención al presente, al aquí y ahora, es decir, a lo que está sucediendo en este momento, sin juzgarlo (sin evaluar si es bueno o malo) y con aceptación (sin rechazar lo que ocurre). Es decir, con una actitud abierta, sin creencias que reinterpreten lo que está ocurriendo, con curiosidad, como si fuera la primera vez. Este estado mental nos proporciona momentos únicos en cada experiencia, aunque sea algo que hacemos diariamente. Siempre será diferente porque los matices, la experiencia, las emociones y el aprendizaje son todo el tiempo diferentes.

Por lo tanto, la alimentación consciente implica mantener un estado mental de atención en el momento presente, durante la experiencia de comer. Se trata de poner toda nuestra atención en lo que está sucediendo, sin juicio (sin decir si es bueno o malo), con aceptación (sin rechazar lo que ocurre), con una actitud abierta (sin resistencia a lo que sentimos o pensamos) y con curiosidad (como si fuera una experiencia única, distinta a las anteriores).

Esta técnica puede ser aplicada por cualquier persona, sin importar su edad, cultura o condición. Ayuda a disminuir ciertos problemas en la relación con la comida. En el caso de que esto afecte de manera significativa la calidad de vida de la persona, es necesario que acuda a profesionales de la salud para realizar un diagnóstico y tratamiento médico/psicológico y/o psiquiátrico.

En la práctica de esta técnica podemos reconocer todos los aspectos de la experiencia de alimentarnos. Puede mejorar la responsabilidad en la persona que la aplica y en la gestión que hacemos de la comida. Ayuda a prevenir conductas de riesgo relacionadas con la alimentación. Esto, entonces, procura una mayor calidad de vida y bienestar.

Una de las principales consecuencias de una mala relación con la comida es el sobrepeso, que, de forma progresiva, poco a poco, se convierte en obesidad en diferentes grados según el IMC y enfermedades asociadas que pueden conducir a la muerte.

A través de esta técnica, la persona puede entrenar la capacidad de focalizar su atención tanto en los estímulos internos como externos, mejorando y ampliando su capacidad de consciencia sin ser reactivos a las experiencias al momento de alimentarse.

En el desarrollo de esta técnica es posible:

1. Fomentar la relajación.
2. Cultivar la autoaceptación.
3. Desarrollar la consciencia del sabor y del hambre.
4. Reconocer las distintas sensaciones y señales de saciedad.
5. Mantener alerta ante los desencadenantes emocionales, sociales y ambientales que pueden inducir a comer más.
6. Cambiar preferencias alimenticias hacia opciones más saludables.
7. Modular el placer de la comida, disfrutando de alimentos nutritivos.
8. Tomar consciencia de las cantidades de comida consumida.
9. Ser consciente de la velocidad de ingesta de diferentes alimentos.
10. Desarrollar percepción y consciencia interoceptiva sobre el propio cuerpo.

El secreto está en promover hábitos saludables, no en imponer restricciones.

CONSEJOS PARA PRACTICAR EL MINDFUL EATING:

- Come lentamente: Un truco para hacerlo es dejar los cubiertos en la mesa cada vez que te los lleves a la boca. Mastica correctamente y vuelve a tomar los cubiertos. Es una buena manera de frenarte y de no comer de forma automática.

- Bebe despacio.

- Saborea los alimentos: Existen algunos ejercicios que pueden durar alrededor de 20 minutos para ayudarte a ello. Consiste en visualizar, palpar, oler, masticar y disfrutar del sabor de un alimento, desde una pasa hasta un gajo de mandarina. Redescubre el alimento y reflexiona sobre su textura, olor y sabor. No es necesario que lo hagas cada día ni con todos los platos, pero hacerlo de vez en cuando te ayudará a comer de forma más consciente.

- Cero distracciones: Ni televisión, ni PC, ni móvil; come con los cinco sentidos, sin ninguna distracción. Está comprobado que si realizamos cualquier actividad mientras comemos, acabamos ingiriendo más cantidad de alimentos que si estamos completamente atentos al plato que tenemos delante. Un ejemplo de ello es cuando vas al cine y terminas por comerte las palomitas sin darte cuenta.

- Distingue el hambre de verdad del capricho por comer: Cuando vayas a comer, pregúntate si realmente tienes hambre. No dejes que el estrés o el aburrimiento te dominen. Si no tienes hambre, no comas; realiza otras actividades para entretenerte: llama a alguien, conversa un rato, sal a dar una vuelta, escucha música, bebe agua.

- Tómate un momento para ti: Para practicar Mindful Eating es necesario dedicarte un tiempo a comer, y hacerlo de manera tranquila y relajada. Tiene que ser un momento de relajación, de tranquilidad, para despejar tu mente y poder volver al ritmo de vida habitual con más energía. Por eso, es importante también comer sentado, con la espalda recta y con cubiertos; si lo haces de pie y con las manos, ocurrirá mucho más rápido y sin tener consciencia de ello.

- No tienes por qué acabarte todo lo que hay en el plato: Aprende a reconocer la sensación de saciedad y a dejar en el plato lo que sobre, sin problema. No te obligues a comer todo lo que haya en él si ya no tienes más hambre. Cuando el cuerpo envía la señal de saciedad, no hay por qué seguir. Puedes guardar las sobras en el refrigerador para otro momento.

- Sé el último comensal: Si comes en grupo, con amigos o familiares, es más complicado hacerlo pausadamente. Es probable que te olvides de dejar los cubiertos mientras masticas y seguro que estés más pendiente de la compañía que de la comida. En ese caso, busca un aliado: fíjate en quien come más lentamente o en quien siempre acabe último y sigue su ritmo.

¿Cómo comenzar?

- Sabiendo que la obesidad es multifactorial.
- Olvidando las dietas.
- Considerando la importancia de realizar ejercicio físico.
- Otorgando importancia a la regulación emocional.
- Dejar de estar obsesionado por la comida o por el aumento de peso.
- Ten paciencia en los resultados, ya que estos vendrán a largo plazo y no a corto plazo.
- Buscar un entorno que te apoye.
- Tomar consciencia de que cada problema tiene una solución.

Otros pequeños cambios que puedes comenzar a realizar para obtener mejores resultados:

- Caminar por el centro comercial estacionando tu auto a cuadras de tu destino.
- Elegir las escaleras siempre que se pueda.
- No comprar dulces ni refrescos azucarados.
- Esconder en un cajón los dulces que puedan regalarte.
- Tener a mano sustitutos del helado, como fruta congelada.
- Al comer, tomar primeras raciones de tamaño moderado y luego preguntarte: "¿Por qué estoy repitiendo? ¿Por hambre o por costumbre?".
- Primero acabar de comer, esperar un poco, y luego consultar con el estómago y el cuerpo para decidir si sigues con el postre y qué cantidad.

9 MITOS COMUNES SOBRE LA ALIMENTACIÓN CONSCIENTE

Es importante estar bien informados y capacitados antes de tomar una decisión consciente, considerando que lo crucial es nutrir adecuadamente nuestro cuerpo y mente, conectando a través de nuestros sentidos con el hambre física y la saciedad que proviene de nuestro estómago y señales internas. Para ello, es fundamental comprender también lo que no es una alimentación consciente, para construir explicaciones realistas y prácticas sobre el acto de comer en general.

1. **La alimentación consciente no implica comer menos comida.** En la alimentación consciente no se juzga la cantidad de comida necesaria diariamente. Las necesidades del cuerpo varían; algunos días se puede sentir satisfacción con una pequeña cantidad de comida y otros se puede necesitar más para sentir lo mismo. Es normal y aceptable que el cuerpo pida más comida en ciertos momentos, pero siempre es crucial estar atento a las señales de saciedad para saber cuándo detenerse adecuadamente.

2. **La alimentación consciente no se centra únicamente en la pérdida de peso.** Más allá de la pérdida de peso, la alimentación consciente promueve una relación saludable con la comida y los hábitos alimenticios. Se enfoca en sincronizarse con la plenitud y la satisfacción del cuerpo; sin embargo, no garantiza la pérdida de peso como resultado principal. El objetivo es aceptar y cuidar el cuerpo tal como es, sin culpas ni vergüenzas.

3. **La alimentación consciente no elimina automáticamente la alimentación emocional y el exceso de comida.** Ser consciente de si se come por hambre emocional o física puede ayudar a manejar la ingesta sin recurrir a la comida como única solución. Este enfoque enseña a reconocer las señales emocionales y a enfrentarlas de manera adaptativa, sin juicios negativos.

4. **La alimentación consciente no impide mantener una vida social activa.** Contrario a la creencia errónea, la alimentación consciente no requiere cambiar el entorno o la forma de socializar al comer o beber. Permite ser consciente incluso al disfrutar en compañía, manejando la ingesta adecuadamente sin culparse por ello.

5. **La alimentación consciente no requiere mucho tiempo adicional.** Una vez entendida, la alimentación consciente puede ahorrar tiempo y energía, integrándose naturalmente en la rutina diaria.

6. **La alimentación consciente no se traduce automáticamente en "opciones saludables".** Aunque favorece elecciones alimenticias saludables, la elección consciente no es automáti-

ca; debe ser guiada por la mente y el espíritu. El enfoque está en disfrutar la experiencia de comer con consciencia, confiando en las señales del cuerpo para decidir cuándo parar.

7. **La alimentación consciente no es una dieta temporal.** Al contrario, la alimentación consciente desecha la idea de dietas restrictivas. Es un enfoque sostenible y duradero que promueve el bienestar integral sin límites de tiempo definidos.

8. **La alimentación consciente no implica ser excesivamente cauteloso con lo que se come.** No se trata de ser obsesivamente cuidadoso con la comida ni de etiquetar las experiencias alimentarias como buenas o malas. El principio fundamental es el de no juzgar; los practicantes de la alimentación consciente observan las emociones que surgen, exploran sus pensamientos y avanzan sin juicios.

9. **La alimentación consciente no se reduce solo a comer lento.** Comer despacio, saborear cada bocado y otras técnicas similares son estrategias para entrar en el estado de alimentación consciente. Es una mentalidad que facilita la comprensión y la conexión, especialmente al principio. Con la práctica, se puede aplicar la alimentación consciente incluso en situaciones donde no es posible comer lento.

LISTA DE ALIMENTOS PARA PRACTICAR Y APLICAR DIARIAMENTE MINDFUL EATING:

Si bien no hay alimentos prohibidos, es importante evitar los ultraprocesados o precocinados, así como bebidas azucaradas y alcohólicas, debido a su asociación con diversas enfermedades como cardiovasculares, diabetes, obesidad y dolencias hepáticas.

Es recomendable incluir alimentos de origen vegetal como verduras, hortalizas y frutas, preferiblemente de temporada por su mejor calidad y menor impacto ambiental. Los cereales integrales son una opción superior a los refinados por su alto contenido de fibra, vitaminas y minerales, que también mejoran la digestión con una masticación más completa.

Las legumbres son importantes por sus carbohidratos complejos, proteínas vegetales y variedad de nutrientes. Los alimentos de origen animal pueden ser parte de la dieta siempre que sean de buena calidad y consumidos en la cantidad adecuada.

Considera incorporar otros alimentos saludables para diversificar tu dieta diaria y satisfacer tus necesidades nutricionales.

Escala de hambre y saciedad:

Para manejar tus necesidades energéticas de manera efectiva, es esencial reconocer las señales de hambre y saciedad. La Escala de hambre y saciedad es una herramienta intuitiva que te ayuda a entender y responder a diferentes niveles de estas sensaciones cada día.

Hambre extrema:

- Sensación de debilidad, mareos o desmayo.
- Dolor de cabeza intenso y náuseas.
- Puede haber tanta hambre que no se sienta hambre.

Mucha hambre:

- Sensación incómoda de hambre.
- Leve mareo o dolor de cabeza.
- Irritabilidad y deseo de comer cualquier alimento disponible, incluso aquellos que normalmente no se prefieren.

Poca hambre:

- Pensamientos frecuentes sobre la comida.
- Ligera sensación de vacío en el estómago.
- Niveles de energía ligeramente bajos.

Neutral:

- Ni hambre ni sensación de saciedad.
- Sensación similar a la que se tendría dos horas después de una buena comida.

Casi llena:

- Proceso de satisfacción.

- Estómago medio lleno, con espacio para más comida.

Satisfecha:

- Sensación de saciedad.
- Estómago lleno, pero cómodo, sin hambre.

Muy satisfecha:

- Ligera distensión.
- Sensación de plenitud después de una comida satisfactoria.

Muy satisfecha e incómoda:

- Sensación de saciedad excesiva, algo incómoda.
- Similar a la sensación de estar apretado por una prenda ajustada en el área abdominal.

Saturada:

- Sensación de plenitud extrema.
- Puede llegar a sentirse físicamente enferma debido a la saciedad completa.

RESUMEN DE CONSEJOS:

Alimentación a través de Mindful Eating:

- Comer con atención plena implica estar conscientes antes, durante y después de comer, abriendo la percepción de la mente hacia nuestra comida.

- La consciencia es clave para el cambio: al ser conscientes, iniciamos una nueva experiencia que puede llevar a pequeños cambios en nuestros comportamientos automáticos, generando así grandes cambios.

- Identificar el hambre emocional y física durante y después de comer es fundamental. Si no tienes hambre, no es necesario comer.

- Distinguir entre "ya no tengo hambre" y "estoy satisfecho" es esencial para manejar adecuadamente la ingesta.

- Nutrir el corazón cuando es necesario, ofreciendo actividades como meditación, abrazos, jugar con mascotas o ayudar a otros, en lugar de alimentar el cuerpo físicamente.

- Expresar gratitud antes, durante y después de comer.

- Usar los alimentos como medicina, ajustando la cantidad para que una pequeña porción tenga un efecto positivo.

- Permanecer sentado durante toda la comida y dedicar al menos 20 minutos para comer, idealmente más.

- Evitar distracciones como el smartphone, portátil, TV o libro durante las comidas.

- Servirse porciones proporcionadas, incluso si parecen pequeñas.

- Utilizar platos pequeños, cubiertos pequeños o palillos para reducir la velocidad de la comida.

- Usar la mano no dominante para comer.

- Masticar cada bocado de 10 a 15 veces, prestando atención al sabor, temperatura y textura.

- Tomar sorbos de agua o té entre bocados.

- Percepciones corporales de hambre y saciedad:

- Muchas personas con sobrepeso enfrentan dificultades para reducir su consumo de alimentos debido a dos barreras principales:

- Comida como recompensa: dificultad para controlar lo que se come, obsesión por la comida y falta de percepción de las señales de saciedad.

- Estrés psicológico: el mindfulness puede abordar estas barreras al aumentar la consciencia de las señales corporales de hambre y saciedad, promoviendo la autorregulación emocional y reduciendo el estrés.

Al ser más conscientes de nuestro cuerpo y entender mejor las señales que nos envía, podemos determinar adecuadamente nuestro nivel de hambre y saciedad, y decidir cuándo detenernos al comer.

Cuando percibimos correctamente nuestro nivel de saciedad, no es necesario evitar ciertos alimentos. Podemos disfrutar de nuestras comidas favoritas en porciones más pequeñas que se ajusten a nuestras necesidades calóricas, enfocándonos en saborear, oler, sentir las texturas y disfrutar plenamente de cada bocado.

EJERCICIOS DE MINDFUL EATING

Disfruto mi comida y como con consciencia

DISFRUTO MI COMIDA

Disfruto mi comida y como con consciencia, experimentando la vaciedad en el cuerpo y la mente:

- Siéntate en una postura cómoda, puede ser durante la meditación matutina, antes de comer o beber.

- Dirige tu atención a la respiración, enfocándote en las sensaciones de la respiración con claridad.

- Dirige la atención al cuerpo.

Pregúntate:

- ¿Hay lugares en tu cuerpo que se sientan vacíos?

- ¿Esas sensaciones de vacío son agradables, neutrales o desagradables?

- ¿Surgen impulsos de cambiar esas sensaciones de vacío en el cuerpo?

- ¿Hay lugares en el cuerpo que se sientan llenos?

- ¿Esas sensaciones de saciedad son agradables, neutrales o desagradables?

- ¿Surgen impulsos de cambiar esas sensaciones de saciedad en el cuerpo?

Ahora, dirige tu atención a tu mente:

- Imagina tu mente como una habitación grande y vacía. ¿Los pensamientos entran en la habitación como hojas secas en un almacén vacío? Mantén la habitación limpia y vacía por un momento. Imagina tu respiración como un viento o un soplador de hojas silencioso, dispersando los pensamientos mientras se acumulan y limpiando la habitación. Deja que la habitación vuelva a su estado original, vacía y tranquila.

- Pregúntate: ¿Cómo son las sensaciones de una mente vacía como una gran habitación? ¿Agradables, neutrales o desagradables? ¿Surgen impulsos de cambiar la consciencia de una mente vacía?

- Tómate unos segundos para reflexionar, respirando calmadamente y observando cómo tus pensamientos fluyen libremente.

NUESTROS DESEOS

Durante el día, nuestra mente genera diversos deseos; algunos surgen para satisfacer nuestras necesidades básicas, mientras otros buscan mejorar nuestro bienestar físico y psicológico. Algunos deseos se presentan de manera clara e inmediata en nuestra consciencia, mientras otros son más difusos e inconscientes, lo que dificulta su identificación y requiere una actitud de contemplación serena.

Si todos respondiéramos a cada deseo que surge en el momento, experimentaríamos un caos interno y contribuiríamos al caos externo. En general, se nos ha enseñado a controlar los deseos a través de la sanción, el castigo y el miedo. Por lo tanto, aprender a reconocer, manejar y racionalizar los deseos es fundamental para vivir en armonía, tanto internamente como en nuestro entorno externo. Los deseos son vitales para nuestra existencia como especie. El primer deseo humano es la leche materna, y a medida que nos desarrollamos, estos se diversifican y se manifiestan en diferentes áreas de la vida. El deseo de alimentación y bebida persiste a lo largo de la vida, ya que son necesarios para nuestra supervivencia. Otros son temporales, aparecen, persisten por un tiempo y luego desaparecen, como los antojos.

El problema no radica en el deseo en sí, sino en reconocer su aparición y dirigirlo adecuadamente para nuestro bienestar y salud. Al comprender esto, podemos manejar nuestros deseos con libertad, equilibrando así nuestra vida en todos los aspectos.

OBSERVAR LOS DESEOS

Tómate unos minutos para ser consciente de los momentos en que sientes deseos de comer y beber a lo largo del día.

Observa tanto los más intensos y evidentes como los más sutiles y casi imperceptibles.

Luego, crea un espacio en tu mente al posponer la acción al menos con uno de esos que has identificado. Observa cuánto persiste y nota si se intensifica o se debilita con el tiempo.

OBSERVAR PROFUNDAMENTE NUESTROS ALIMENTOS

Comer una pasa con atención plena:

Este ejercicio puedes realizarlo cinco minutos al día durante al menos una semana. La evidencia sugiere que la atención plena aumenta cuanto más se practica. Puedes tomar el ejercicio de la uva pasa como una guía ligera para practicar la atención plena con cualquier alimento que elijas.

Este ejercicio de la pasa es uno de los primeros y más utilizados en los talleres de mindfulness en todo el mundo. Cuando lo realices, anota tu experiencia en tu diario; notarás que es muy sencillo de llevar a cabo.

- Siéntate cómodamente en una silla.

- Toma una uva pasa (o cualquier otro fruto seco o incluso un caramelo).

- Lleva la pasa hacia tu nariz y nota su aroma. ¿Te resulta agradable?

- Colócala en la palma de tu mano y obsérvala como si fuera la primera vez que la ves. Hazte consciente de lo que miras: la forma, la textura, el color, el tamaño. ¿Cómo huele? Toca su superficie, nota sus arrugas. ¿Qué tacto tiene? Presiónala ligeramente entre tus dedos. ¿Qué sensaciones experimentas?

- Ahora, con un movimiento lento y consciente, lleva la uva pasa a tus labios y roza su superficie con ellos. ¿Cómo sientes su textura en los labios?

- Coloca la uva pasa dentro de tu boca y siente su presencia en la lengua. Mastica muy despacio, disfrutando cada mordisco, y luego experimenta realmente el acto de masticar una sola uva pasa.

- Cuando estés listo para tragar, presta atención al proceso y siente cómo baja por tu garganta hasta llegar al estómago.

- Siéntate tranquilamente, respirando, consciente de lo que estás sintiendo.

Nunca habrás saboreado y esperado tanto para tragar un trozo de comida.

Saborear nos enseña lo fácil que puede ser adoptar la práctica del *mindfulness* e integrarla en la alimentación, el ejercicio y todas las facetas de nuestra vida diaria. Esta y otras prácticas, nos recuerdan que con la intención correcta, vivir conscientemente se puede convertir en parte integral de nuestro ser. Saborear no solo nos ayuda a alcanzar un peso saludable y el bienestar que buscamos, sino que también revela la riqueza de la vida que, en cada momento, está a nuestro alcance - *Thich Nhat Hanh.*

EJERCICIO PARA SUPERAR EL ESTRÉS AL COMER:

CONTAR HASTA 10 SEGUNDOS

Este ejercicio puede realizarse en cualquier momento del día, pero es especialmente útil cuando sentimos la necesidad de comer debido al estrés o la ansiedad, o simplemente por apetito.

Primer Paso: Análisis y Reflexión

- Toma un momento para identificar las verdaderas razones por las cuales sientes el impulso de comer.

- Reflexiona sobre las consecuencias de tus decisiones, revisa los hábitos propuestos y las pautas establecidas.

Segundo Paso: Práctica de Mindfulness

- Cierra los ojos en cualquier lugar donde te encuentres y cuenta mentalmente hasta 10 segundos. Intenta mantener tu mente en blanco durante este tiempo.

- Si aparece cualquier pensamiento durante este proceso, reinicia la cuenta mentalmente, asegurándote de contar cada número para mejorar tu concentración.

- Este sencillo ejercicio busca promover un análisis honesto de las causas que nos llevan a actuar, estableciendo metas realistas y fortaleciendo la concentración mental, la fuerza de voluntad y una actitud positiva.

Visualización para Manejar el Estrés y la Ansiedad

- Dedica al menos 45 minutos a visualizar tus objetivos, metas y las consecuencias satisfactorias de alcanzarlos. Imagina con detalle cómo te sentirías al lograr esos objetivos.

- Luego, dedica otros 45 minutos a considerar los obstáculos y los efectos negativos de tus acciones. Mantén la calma y la seguridad mientras visualizas cómo manejar estos desafíos.

- La visualización es una poderosa técnica que afecta positivamente la motivación, la fuerza mental, la positividad y la reducción del estrés. Puedes practicarla diariamente, siendo especialmente efectiva por la noche. Cierra los ojos en cualquier posición cómoda, visualiza tus acciones y emociones relacionadas con tus objetivos, y experimenta las sensaciones positivas que esto te genera.

Reconocimiento de la Saciedad y el Autoperdón

- Permítete mantener los ojos cerrados mientras te enfocas en tu respiración. Coloca las manos sobre tu vientre y realiza 3 o 4 respiraciones profundas y lentas.

- Conecta con las emociones que surgen en este momento. Evalúa tu nivel de hambre y satisfacción física en una escala del 1 al 10.

- Toma un sorbo de agua y observa cualquier cambio en las sensaciones de tu estómago. Evalúa nuevamente tu nivel de satisfacción en la misma escala del 1 al 10.

Liberación del Crítico Interior y Autoperdón

- Adopta una posición cómoda y erguida. Concéntrate en tu respiración y permite que el aire fluya naturalmente hacia tu diafragma sin tensión.

- Observa cualquier tensión o incomodidad en tu cuerpo. Reconoce los juicios que puedan surgir y cámbialos por un tono de respeto y autocompasión hacia tu cuerpo.

- Práctica el perdón hacia ti mismo por cualquier exceso alimentario o pérdida de control. Reflexiona sobre tus sentimientos antes, durante y después de comer, sin juzgarlos.

- Vuelve tu atención a la respiración y siente cómo la crítica y la autocrítica desaparecen. Reconoce que comer en exceso no te hace una mala persona ni débil, sino que es una forma de consuelo que has aprendido a lo largo del tiempo.

- Este ejercicio de mindfulness te ayuda a cultivar la atención plena hacia tus pensamientos y emociones, sin juzgarlos, permitiéndote encontrar paz y control en lugar de malestar. Practica esto regularmente para fortalecer tu capacidad de autoconciencia y autogestión emocional.

Conclusión:

- Termina la práctica sintiéndote calmado y seguro. Sonríe hacia ti mismo mientras regresas lento a tu entorno presente, abriendo suave los ojos cuando estés listo.

MEDITACIÓN SOBRE ALIMENTACIÓN CONSCIENTE INTEGRADA:

Toma asiento y adopta una postura cómoda mientras cierras los ojos. Respira profundamente varias veces, permitiendo que el aire llene tus pulmones y fluya por todo tu cuerpo hasta el vientre, para luego exhalarlo. Identifica cualquier tensión y respira relajadamente. Deja que tu respiración alcance un ritmo natural y confortable, prestando atención al aire fresco que entra por la nariz y al aire cálido que sale.

Visualización Previa a la Comida

Imagina que estás a punto de disfrutar de una comida deliciosa. En una mesa frente a ti, hay una variedad de alimentos que has elegido conscientemente por su sabor y su valor nutricional. Visualiza cada plato y familiarízate con ellos antes de empezar.

Conectando con las Señales del Cuerpo

Antes de comenzar a comer, conecta con las necesidades de tu cuerpo. Observa si realmente sientes hambre y cómo se manifiestan esas señales. Date cuenta de que tu cuerpo necesita alimento y elige conscientemente lo que vas a poner en tu plato.

Comiendo con Consciencia Plena

Empieza a comer de manera consciente. Observa los sabores y las texturas de los alimentos. Siente cómo tu boca y tu cuerpo reaccionan a medida que ingieres la comida. También observa tus respuestas emocionales mientras comes, permitiéndote disfrutar de la experiencia sin culpa ni autocrítica.

Reconociendo la Satisfacción

A medida que sigues comiendo, observa cómo tu cuerpo indica que la sensación de hambre comienza a de-saparecer. Tu estómago se siente menos vacío y las señales de hambre disminuyen. Continúa comiendo mientras prestas atención a cómo responde tu cuerpo a cada bocado.

Decidiendo Cuándo Parar

Toma consciencia de cuándo la comida comienza a perder su sabor o satisfacción a medida que te llenas. Decide conscientemente cuándo deseas seguir comiendo y cuándo prefieres parar. Permítete dejar algo de comida en el plato si así lo decides, respetando las señales de tu cuerpo.

Moderación y Autocompasión

Continúa comiendo hasta que te sientas moderadamente satisfecho, ni demasiado lleno ni con hambre. Evita detenerte demasiado pronto para no ignorar las necesidades reales de tu cuerpo, ni llenarte en exceso para evitar malestar físico posterior. Observa cómo te sientes mientras comes y en las horas siguientes.

Conclusión con Mindfulness

Al detenerte cuando estás moderadamente satisfecho, reconoce cualquier emoción que surja. Siente orgullo por mantener una relación armoniosa con tu cuerpo. Si aún sientes un impulso emocional de seguir comiendo, toma una decisión consciente sobre cómo satisfacerte de manera saludable.

Regreso a la Consciencia Plena

Centra tu atención en tu respiración nuevamente, liberando cualquier tensión restante. Observa tu entorno con calma y consciencia antes de abrir los ojos cuando estés listo.

ROMPER LA CADENA DEL COMER EMOCIONAL: EL BANQUETE

Siéntate a la mesa y coloca diferentes alimentos de forma sencilla en tu plato. Inicia la práctica con tres reglas simples:

Observa toda la comida en la mesa, prestando atención a los diferentes colores, formas y olores de cada alimento en tu plato. Sé consciente de cómo has tomado la decisión de seleccionar esos elementos y no otros, evitando hacerlo de manera automática. Siempre deja algo de comida en el plato.

Reflexión Inicial:

Al observar la comida, es posible que surjan pensamientos y emociones, como el deseo de probar todos los alimentos o el temor de quedarte sin algo. Puede surgir ansiedad por querer probar todo lo que hay delante de ti. No juzgues estos pensamientos, simplemente acéptalos.

Escoge los alimentos que deseas probar en la cantidad que prefieras. Una vez que hayas terminado, cierra los ojos por un momento.

Meditación Previa a Comer:

Analiza cómo has tomado la decisión de seleccionar esos alimentos. Reflexiona sobre cómo sabes cuales son los que quieres. Adopta una postura de meditación, dejando ir los pensamientos y emociones. Ancla tu atención en la respiración y observa cómo reacciona tu cuerpo ante el estímulo de la comida.

Conexión con el Hambre:

Pregúntate sobre tu grado de hambre en una escala del 1 al 10, donde 1 significa: "No tengo hambre en absoluto", y 10 significa: "Tengo mucha hambre". Observa qué parte de tu cuerpo te indica esto. Permanece unos segundos más en la respiración y, poco a poco, abre los ojos para observar el plato de comida.

Comer Conscientemente:

Comienza a comer de manera consciente, saboreando cada bocado, sintiendo las texturas y los aromas. Permite que el disfrute sea pleno. Puedes comer y permitirte dejar algo de comida en el plato si así lo deseas. No te obligues a comer todo y si algo no te gusta, está bien dejarlo.

Disfruta de cada bocado. Una vez que hayas comido la mitad, vuelve a cerrar los ojos y realiza una breve meditación enfocada en la respiración.

Reflexión Final:

Después de la meditación, abre los ojos y continúa comiendo de manera consciente el resto del plato. Observa cualquier cambio en tu cuerpo en términos de nivel de hambre, saciedad o deseo de comer. Luego, enfoca tu atención en tu cuerpo nuevamente, observando cómo ha reaccionado y qué cambios has experimentado.

Conclusión:

Al finalizar la práctica, puedes tomar un momento para anotar tus experiencias y reflexiones, o compartirlas si lo deseas.

LA COMIDA EN NUESTRA INFANCIA

Vamos a cerrar los ojos y adoptar una postura de meditación, tratando de recordar cómo era comer cuando teníamos entre 8 y 11 años. Tomamos dos o tres respiraciones profundas y dejamos pasar pensamientos y emociones.

Recuerdos de la Infancia:

Iniciamos la práctica recordando el lugar donde solíamos comer, con quién compartíamos, cuáles eran nuestros platos favoritos y cuáles no nos gustaban tanto. Intentamos recordar si había algún ritual de tiempo específico, como quién servía, quién ponía y quitaba la mesa, y si había un orden para servirla. Recordamos también las normas básicas durante la instancia: no comer hasta que todos estuvieran sentados, no dejar algo en el plato, no hablar con la boca llena, mantener las manos en la mesa, y los temas de conversación, entre otros.

Significado de la Comida en la Infancia:

Buscamos el significado que tenía ese momento en nuestra vida. Reflexionamos si la comida se utilizaba como algún tipo de recompensa o castigo por cosas buenas o malas que habíamos hecho.

Comparación con la Actualidad:

Poco a poco, la imagen de nosotros mismos en nuestra infancia va desapareciendo y dirigimos nuestra atención a lo que supone hoy en día comer. Visualizamos detalladamente dónde lo hacemos ahora, con quién compartimos, y buscamos rituales que realizamos siempre o casi siempre. Nos preguntamos si todavía utilizamos la comida como recompensa o castigo de alguna manera.

Reflexión y Aprendizaje:

Después de esta reflexión, comparamos las diferencias y similitudes entre lo que era comer a los ocho y once años, y lo que significa hoy en día para nosotros. Nos preguntamos si hemos transmitido estos comportamientos a las generaciones futuras sin ser plenamente conscientes de ello. Mantenemos esto como objeto de reflexión y aprendizaje, tanto para identificar las normas que consideramos importantes mantener como para examinar aquellas que hemos transmitido inadvertidamente.

MEDITACIÓN DE LA SABIDURÍA:

Adoptamos una postura de meditación erguida y digna, permitiendo que nuestro cuerpo se calme. Nos concentramos en nuestra respiración, dejando que el flujo de aire llegue hasta el final sin tensión ni contracción, exhalando suavemente. Nos volvemos conscientes de nuestra respiración y la sentimos.

Autoconsciencia Total:

Al inhalar, sonreímos. Al exhalar, buscamos estar en paz. Nos permitimos disfrutar de una sensación de autoconsciencia total, incluyendo todas las partes de lo que somos: nuestro cuerpo físico, nuestros pensamientos, nuestras emociones, nuestros juicios, nuestros miedos, nuestros deseos... Con una consciencia relajada, reconocemos las cosas que nos gustan y las que no.

Exploración Interior:

Permitimos que esta toma de consciencia más profunda expanda nuestro ser, encontrando un lugar que existe bajo la superficie de las preocupaciones, inquietudes y experiencias. Nos permitimos estar en ese lugar de confianza, confiando en lo que somos, en quienes somos, en cómo hemos experimentado y aprendido. Observamos en silencio en este espacio.

Conexión Universal:

Expandimos nuestro sentido de sabiduría interior desde nuestro centro, conectando con el espacio de la sala o habitación donde nos encontramos, expandiéndonos infinitamente aquí, abiertos a la sabiduría que está en el mundo, en el espacio alrededor del mundo y en el universo. Al inhalar, afirmamos "sé que estoy vivo", y al exhalar, "siento la alegría de estar conectado". Inspiramos y reconocemos plenamente nuestra vida.

Cultivo de la Calma:

Ahora, aprendiendo una nueva forma de consolarnos a nosotros mismos, nos volvemos calmados, seguros y tranquilos. Aprendemos a prestar atención a nuestros pensamientos, sentimientos y sensaciones, sin juicio ni dolor, simplemente observándolos conscientemente y con suavidad, y luego dejándolos ir.

Compromiso Personal:

En este momento, hacemos un compromiso con nosotros mismos de bondad y coraje, transformándonos en nuestra mejor versión, en nuestro verdadero yo. Estamos aprendiendo una manera diferente de aliviar el dolor para encontrar la paz y el equilibrio.

Atención en la Respiración:

Centramos nuestra atención en nuestra respiración. Al inspirar, nos enfocamos en la sensación de calma. Al exhalar, nos sonreímos a nosotros mismos. Repetimos este proceso una y otra vez.

Regreso a la Consciencia Externa:

Finalmente, al tomar consciencia de nuestro cuerpo en el lugar donde nos encontramos, comenzamos a visualizar nuestro entorno, conectándonos con los sonidos a nuestro alrededor, permaneciendo totalmente conscientes y alerta. Por último, abrimos los ojos.

MINDFUL EATING BREVE:

Adoptamos una postura cómoda en la silla o sobre el cojín de meditación, permitiendo que nuestro cuerpo se relaje, y poco a poco cerramos los ojos.

Enfoque en la Respiración:

Dirigimos amablemente la mente hacia el vaivén de la respiración, tomando varias respiraciones profundas y conscientes. Dejamos que el flujo de aire llegue hasta el diafragma inferior, sin ninguna tensión o estrés; luego, dejamos que el aire fluya suavemente hacia afuera. Repetimos varias veces respiraciones completas para tomar consciencia de una mayor sensación de relajación y calma al respirar el aire limpio y fresco, y al exhalar las sensaciones o sentimientos de estrés o tensión.

Ajuste al Ritmo Natural:

Ahora dejamos que la respiración se asiente poco a poco en su ritmo natural y enfocamos nuestra atención en la sensación de la respiración. Sentimos cómo entra a través de la nariz, se abre camino bajando por la garganta hasta el estómago, y viceversa.

Preparación de una Comida Especial:

Imaginamos que estamos preparando un plato de una manera especial, con atención plena, siendo conscientes de todo lo que nos rodea. Mientras lo hacemos, cada vez somos más conscientes y desarrollamos una mente más clara.

Libre de Tensión:

Tomamos varias respiraciones profundas y, si sentimos alguna sensación de tensión o lucha en el cuerpo, permitimos que se diluya y transforme libremente.

Enfoque Mental:

Si lo deseamos, podemos contar el número de inspiraciones y espiraciones para centrar la mente. Observamos si nos sentimos concentrados y con control.

SER CONSCIENTE DEL HAMBRE VISUAL

Cuando te sientes a comer, dedica unos minutos a observar los alimentos. Fíjate en los colores, texturas, formas y disposición en el plato. ¿Qué te transmite a simple vista?

Adquiere una revista que presente imágenes atractivas de alimentos en la vida diaria. Ojéala y observa las fotos que más te llamen la atención. ¿Cuántas despiertan tu apetito visual? Si incluye recetas, intenta leer algunas sin prestar atención a las imágenes (aunque es difícil ignorarlas dado su atractivo visual). También puedes pedir que alguien te las lea en voz alta. Observa si escucharlas genera hambre.

Cuando vayas a un restaurante, presta atención a todo lo que despierte tu apetito visual, incluyendo el menú y cualquier presentación de platos. ¿Qué aspectos satisfacen tu apetito visual? Considera la estética y la presentación de los alimentos.

Recuerda la experiencia común del apetito visual: después de haber comido una comida satisfactoria, llega el carrito de postres. Imagina si estos estuviesen mezclados...

SER CONSCIENTE DEL HAMBRE ESTOMACAL

Esta forma de hambre se refiere a las sensaciones en el estómago durante el día. ¿Cómo te indica el estómago que tiene hambre? Sé consciente de cualquier sonido, sensación interna de presión o movimiento, calidez o frialdad, que puedan indicar hambre.

¿Qué sensaciones te indican que el estómago está vacío mientras comes? ¿Y cuándo te sientes agradablemente lleno? ¿O empachado?

¿Hay otras situaciones además del hambre que hacen que el estómago sienta retorcijones o molestias? ¿Qué crees que sucede en esos momentos?

Cuando tu estómago te indica que tiene hambre, ¿lo hace en horas predecibles? ¿Qué tan intensa es esa señal y en qué momentos del día se presenta con mayor frecuencia?

Cuando sientas hambre, intenta ser consciente de tu sensación corporal y de tus pensamientos. ¿Te resulta fácil o difícil sentirla? ¿Puedes posponerla conscientemente?

¿Qué descubres cuando amplías tu consciencia y notas que tu estómago se encuentra en calma?

SER CONSCIENTE DEL HAMBRE DEL CORAZÓN

Haz una lista de lo que comes cuando te sientes triste o solo. También, haz una lista de lo que consumes cuando estás tenso o nervioso.

Entre comidas, si sientes ganas de picotear algo, fíjate en qué sentías justo antes de manifestar ese impulso. ¿Cambiaría algo tu elección si te sintieras tranquilo, acompañado o feliz?

Cuando seas consciente del hambre de tu corazón, elige tu alimento reconfortante favorito. Adquiere una porción pequeña o una simple ración. Luego siéntate y contempla la comida con amor. Consúmela muy lentamente. Mientras tragues cada bocado, imagínate enviándolo a tu corazón (antes que al estómago y al cuerpo), rodéalo de cariño y amor.

Muchas veces, cuando intentamos conectar con nuestras emociones antes de manifestar este impulso de comer, podemos sentir ansiedad, disgusto, cólera, impaciencia, etc. A través de este ejercicio podemos identificar cuáles son las emociones que tendemos a calmar a través de la comida. La mayoría de estas pueden ser negativas. A menudo, en lugar de sentir malestar o vacío en el estómago, podemos sentir un vacío en el corazón que está relacionado con el recuerdo de una pérdida, un fracaso o un rechazo. Muchas veces, nuestra hambre proviene del corazón y no somos totalmente conscientes de ello, por lo que debemos ocuparnos de alimentar el corazón diariamente y también identificar la causa de esa sensación de vacío para nutrirla con afecto y comprensión.

Al comer con mente abierta, podemos experimentar una conexión íntima con personas, plantas y animales, disolviendo los sentimientos de soledad.

EL HAMBRE OLFATIVA

El olor ejerce un efecto potente y primitivo a nivel de la mente inconsciente. El sentido del olfato fue crucial para nuestros ancestros, permitiéndoles sobrevivir, distinguir amenazas diurnas y nocturnas, y localizar comida.

Para realizar este ejercicio, busca un momento de soledad:

1. Antes de empezar a comer, huele la comida. En lugar de inclinarte para oler los alimentos, levanta el plato o el trozo de comida hacia tu nariz y respira profundamente. Puedes imaginar que te han desafiado a adivinar los ingredientes o a escribir una descripción del aroma.

2. Mientras comes, sigue siendo consciente del olor. Masticando, observa si el sabor se intensifica al inhalar o exhalar, o si cambia.

3. Después de terminar de comer, siéntate unos momentos y nota cuánto tiempo continúas saboreando la comida. Observa cuánto tiempo pasa entre un bocado y otro.

Este ejercicio te permite conectar más profundamente con la experiencia de comer, aprovechando el poderoso sentido del olfato para enriquecer tu disfrute y conciencia alimentaria.

ALIMENTARTE CON FRAGANCIA

Imagina que entras en una escalera de existencia donde careces de cuerpo físico, pero aún posees la capacidad de percibir a través de los sentidos y la consciencia. Te alimentas exclusivamente de olores. Coloca algo con un aroma agradable en una pequeña taza, como una cucharadita de vainilla, un aromatizante o alguna fragancia. Imagina cómo este aroma te nutre profundamente.

¿Qué percibes en este estado? ¿Sientes cambios en tu cuerpo, tu corazón o tu mente mientras inhalas el aroma? También puedes intentarlo con incienso, flores o hierbas aromáticas para explorar diferentes sensaciones y percepciones.

CAPÍTULO 6

EL EJERCICIO FÍSICO

*La Inteligencia y la habilidad solo pueden funcionar
al máximo de su capacidad
cuando el cuerpo está sano y fuerte.*

John F. Kennedy

Desde cualquier punto de vista, es evidente que el ejercicio y la actividad física son factores determinantes para la calidad de vida, la salud y el bienestar. Existen suficientes datos científicos que confirman que la actividad física regular es una conducta saludable.

Cada vez más se afianza la idea de que para mejorar la calidad de vida no se trata solo de combatir enfermedades, sino de implementar de manera continua y sistemática programas de prevención a través del ejercicio físico. Al hablar de calidad de vida, es fundamental considerar vivir mejor y durante más años, promoviendo hábitos de vida saludables desde temprana edad.

Se observa un marcado descenso en la práctica de actividad física habitual entre los 17 y 21 años, generalmente coincidiendo con el fin de la etapa escolar o los años inmediatamente posteriores.

Algunos hábitos comunes relacionados con la calidad de vida incluyen comer a horarios regulares, hacerlo de manera moderada, evitar fumar y consumir alcohol, dormir regularmente y realizar ejercicio físico de forma moderada.

Basándose en investigaciones realizadas, se puede afirmar con certeza que el ejercicio físico y la actividad física son fundamentales para la salud de las personas. La actividad física se refiere a cualquier movimiento voluntario realizado por los músculos que conlleva un gasto energético. Por otro lado, el ejercicio físico es una actividad planificada y repetitiva que incrementa la movilidad del cuerpo, con el objetivo de mejorar su funcionamiento.

Entre los beneficios fisiológicos del ejercicio físico se encuentran el aumento del flujo sanguíneo hacia el corazón, la mejora de la capacidad pulmonar, la reducción de la presión arterial y el riesgo de enfermedades coronarias, entre otros.

Además, el ejercicio físico practicado con regularidad y adecuado a las condiciones individuales contribuye a mejorar la calidad del sueño, reducir el nivel de grasa corporal y fortalecer el tono muscular.

A nivel psicológico, el ejercicio físico también proporciona beneficios significativos como el aumento de la autoestima, la confianza en uno mismo, la reducción del estrés y la ansiedad, así como la mejora del estado de ánimo general.

HÁBITOS SALUDABLES RELACIONADOS CON EL EJERCICIO FÍSICO

No busques tiempo para hacer ejercicio físico, encuéntralo.

Anónimo

Como se mencionó previamente, la actividad física y el ejercicio físico no son términos intercambiables.

La actividad física engloba cualquier movimiento corporal que conlleva un gasto energético, es decir, la quema de calorías. Implica moverse, y en la sociedad actual, la intensidad de esta actividad varía según el propósito: trabajo, ocio, mejora de capacidades físicas, desarrollo de fuerza y equilibrio, entre otros.

Dentro del ámbito de la actividad física se incluyen el ejercicio físico y el deporte:

Ejercicio físico: Actividad estructurada, repetitiva y planificada con el objetivo de mejorar o mantener la condición física.

Deporte: Actividad física reglada dirigida a obtener resultados en competiciones.

Para mantener nuestra salud, además de incrementar la actividad física, es crucial reducir el sedentarismo. Una persona puede ser activa físicamente, pero sedentaria si pasa largos períodos sin movimiento, como sentarse viendo televisión, jugar videojuegos, utilizar dispositivos electrónicos o desplazarse en automóvil.

El sedentarismo fue reconocido en los años noventa por la American Heart Association como un factor de riesgo independiente para enfermedades cardíacas. Este estilo de vida tiene tal impacto en la salud que la OMS lo considera la cuarta causa de mortalidad global y una influencia significativa en la carga mundial de enfermedades.

La condición física de una persona se define por su capacidad para realizar esfuerzo físico y resistir sobrecargas. Incluye la resistencia cardiovascular, la fuerza muscular, la flexibilidad articular y la composición corporal. Mantener una buena condición física desde temprana edad es sinónimo de buen estado de salud.

Además de estos componentes, hay otros relacionados más con el rendimiento deportivo que con la salud, como la agilidad, coordinación, potencia y velocidad.

¿Qué tipo de actividad física necesitamos? Para determinarlo, debemos evaluar nuestro nivel de actividad actual, el tiempo que pasamos sentados y nuestra condición física. Es esencial incorporar rutinas de actividad física beneficiosa de manera regular en nuestra vida diaria, eligiendo aquellas que nos resulten satisfactorias.

Durante los desplazamientos es recomendable optar por caminar, usar bicicleta, tomar escaleras o bajarse una parada antes del destino en transporte público. Si realizamos un trabajo sedentario, es aconsejable levantarse, estirarse y moverse durante 1-3 minutos cada hora para mantener activos nuestros descansos.

La práctica regular de actividad física beneficiosa incluye ejercicios como:

- Fortalecimiento muscular.

- Mejora de la densidad ósea.

- Incremento de la flexibilidad.

- Desarrollo del equilibrio y coordinación.

Los beneficios del ejercicio físico sobre la salud son cada vez más evidentes y han sido estudiados ampliamente, incluyendo su impacto psicológico. Los psicólogos del deporte han investigado los beneficios potenciales del ejercicio físico para la salud y han colaborado en el desarrollo de programas físicos terapéuticos que promueven la adherencia a la actividad física, evitando el abandono.

La adherencia es crucial, ya que solo con una práctica regular de ejercicio físico se pueden garantizar beneficios psicológicos; sin embargo, aproximadamente el 50% de las personas que inician una rutina de ejercicio la abandonan en los primeros seis meses, influenciados por factores personales, ambientales y situacionales.

El ambiente estructurado que facilita el logro de metas a corto, mediano y largo plazo mejora las posibilidades de éxito y la permanencia en la actividad física. Entre los factores que influyen en la adherencia se encuentran la prevención de lesiones, la conveniencia del entorno, el apoyo del entorno social y la actitud personal hacia la salud.

A nivel clínico, el ejercicio físico se utiliza como medida preventiva para trastornos mentales y emocionales. El ejercicio aeróbico puede reducir la ansiedad, depresión, tensión y estrés, aumentar los niveles de energía y mejorar la función cognitiva. Actividades como la natación reducen significativamente los niveles de tensión, depresión, ira y confusión, mientras que el yoga puede disminuir la ansiedad, depresión, ira y confusión.

Considerando de manera global los beneficios psicológicos del ejercicio físico, se pueden mencionar los siguientes:

- El ejercicio puede ir asociado a la reducción de niveles de depresión, considerando que ansiedad y depresión son síntomas de incapacidad al momento de enfrentarse al estrés.

- El ejercicio a largo plazo, puede ir asociado a reducción de los niveles de ansiedad.

- El ejercicio puede ser empleado como complemento en casos severos de depresión, que requieren normalmente tratamiento profesional como medicación y/o psicoterapia.

- El ejercicio físico puede contribuir a reducir el estrés, con reducción de la tensión muscular y recuperación de la frecuencia cardíaca.

- El ejercicio puede tener efectos emocionales beneficiosos en todas las edades y en ambos sexos.

EMOCIONES, ESTADO DE ÁNIMO Y ACTIVIDAD FÍSICA

El estado físico es el primer requisito para la felicidad.

Joseph Pilates

Existe un consenso generalizado de que la actividad física tiene efectos emocionales beneficiosos tanto para hombres como para mujeres de todas las edades. Reducir el abandono de la actividad física implica enfocarse en evocar experiencias emocionales positivas como diversión, alegría, autosatisfacción, confianza, orgullo, entusiasmo o excitación, además de considerar los beneficios para la salud y los resultados psicológicos.

El ejercicio físico juega un papel vital en promover y mantener un estilo de vida saludable, así como el bienestar subjetivo y estados de felicidad. Las personas activas físicamente tienden a percibir el mundo de manera más positiva en comparación con las inactivas o sedentarias.

En términos de estados de ánimo, que son elementos más profundos, estables y duraderos que las emociones, mejoran significativamente con el ejercicio físico prolongado. Un ejemplo extremo de un estado de ánimo positivo inducido por el ejercicio es el *runner's high,* una experiencia ocasionalmente descrita durante la carrera como una sensación casi mística o un estado alterado de consciencia. Este estado se caracteriza por una intensa sensación de bienestar, júbilo y euforia, a menudo acompañada de una percepción de funcionamiento pleno y sin esfuerzo, así como una disminución temporal de las barreras temporales y espaciales.

Cuanto más frecuente sea la práctica deportiva, más positivo será este efecto, ya que el ejercicio físico representa un estrés controlado y planificado para el organismo. Esta experiencia proporciona una sensación de bienestar que facilita la superación de desafíos, promueve la independencia, desarrolla un sentido de responsabilidad, mejora el autocontrol emocional, fortalece la capacidad de planificación del tiempo y fomenta hábitos de vida saludables.

ENFERMEDADES CRÓNICAS E INACTIVIDAD FÍSICA

*La falta de actividad física
destruye el buen estado de cada ser humano,
mientras que el movimiento y el ejercicio físico metódico
lo salvan y lo preservan.*

Platón

ENFERMEDADES CRÓNICAS E INACTIVIDAD FÍSICA

La inactividad física es un factor determinante en el desarrollo de numerosas enfermedades crónicas que afectan diversos sistemas del cuerpo humano. Esta falta de actividad regular aumenta significativamente el riesgo de padecer una serie de condiciones médicas graves que pueden tener un impacto profundo en la calidad de vida y la salud general.

Sistema Endocrino:

- Resistencia a la insulina
- Síndrome metabólico
- Diabetes Tipo II
- Obesidad

Sistema Óseo:

- Osteoporosis
- Osteoartritis
- Fracturas

Sistema Cardiorrespiratorio:

- Enfermedad coronaria
- Infarto de miocardio
- Hipertensión
- Hemostasia
- Insuficiencia cardíaca
- Disfunción endotelial
- Arteriosclerosis

- Enfermedad arterial periférica
- Trombosis venosa

Sistema Inmunitario:

- Artritis reumatoide

Sistema Digestivo:

- Hígado graso no alcohólico
- Cáncer colorrectal
- Diverticulitis
- Estreñimiento

Sistema Reproductivo:

- Cáncer de mama
- Cáncer de endometrio
- Síndrome de ovarios poliquísticos
- Diabetes gestacional
- Disfunción eréctil

Otros efectos:

- Disfunción cognitiva
- Depresión
- Ansiedad
- Sarcopenia
- Distrofia muscular

Estas condiciones son prevenibles en gran medida mediante la incorporación regular de actividad física en el estilo de vida. A lo largo de este texto, exploraremos cómo el ejercicio puede jugar un papel crucial en la prevención y manejo de estas enfermedades, promoviendo así una vida más saludable y prolongada.

MOTIVOS Y BENEFICIOS PARA REALIZAR EJERCICIO FÍSICO

*La razón por la que hago ejercicio
es por la calidad de vida que disfruto.*

Kenneth H. Cooper

El término "motivación" proviene del latín "movere", que significa moverse, implicando así movimiento o activación. Existen diversas razones que influyen en por qué algunas personas eligen hacer ejercicio mientras otras no, y por qué un elevado porcentaje de quienes comienzan abandonan.

Motivos para realizar actividad física:

Experiencia social: Algunas personas satisfacen sus necesidades sociales a través de la actividad física, ya sea haciendo nuevas amistades o manteniendo las existentes.

Salud y habilidades: Muchos practican ejercicio para mejorar su salud y sus habilidades físicas.

Búsqueda de sensaciones: Incluye a quienes buscan el riesgo, la velocidad y nuevas experiencias, como en el esquí o la bicicleta de montaña.

Experiencia estética: Aquí se incluyen las personas interesadas en la belleza, la armonía, la gracia y la simetría, como en el ballet o la natación sincronizada.

Catarsis: Utilización del ejercicio físico para aliviar la tensión y liberar emociones reprimidas.

Experiencia ascética: Dedicación a un entrenamiento intenso y a menudo doloroso en la búsqueda de una meta específica, como entrenar para una maratón.

BENEFICIOS DE REALIZAR EJERCICIO FÍSICO EN LA INFANCIA Y ADOLESCENCIA:

El ejercicio físico promueve hábitos de vida saludable en general, y si se adopta desde la infancia, es más probable que se mantenga a lo largo de toda la vida. Entre los beneficios para los jóvenes se incluyen:

- Desarrollo saludable del cuerpo.

- Mejora de la coordinación y control de movimientos.

- Incremento del rendimiento escolar al mejorar la memoria, concentración y reducir la ansiedad.

- Aumento de la autoconfianza.

- Favorecimiento de la integración grupal.

- Estímulo de relaciones sociales positivas.

- Prevención del consumo de tabaco, alcohol y otras drogas.

- Promoción de valores como el esfuerzo, la amistad y el espíritu de equipo.

En la adultez, llevar una vida activa mejora la salud y el bienestar en cualquier etapa, facilitando un envejecimiento saludable. Generalmente, una rutina que incluya ejercicio físico ayuda a prevenir problemas de salud como:

- Alivio del estrés, reducción de síntomas de ansiedad y mejora de la calidad del sueño.

- Reducción del riesgo de depresión.

- Control del peso corporal.

- Prevención de enfermedades musculares y osteoporosis.

- Reducción de la presión arterial.

- Menor riesgo de enfermedades cardiovasculares, diabetes tipo 2, cáncer de mama y colon.

- Mejora en la gestión de enfermedades crónicas como hipertensión, diabetes, hipercolesterolemia y obesidad.

BENEFICIOS DEL EJERCICIO FÍSICO EN LA ADULTEZ TARDÍA O VEJEZ:

- Mejora de la condición física y aumento de la autonomía.

- Mejora del funcionamiento del sistema cardiorrespiratorio y muscular.

- Reducción del riesgo de caídas.

- Menor probabilidad de padecer cardiopatía coronaria, hipertensión, accidentes cerebrovasculares, diabetes tipo 2, cáncer de colon, cáncer de mama y depresión.

- Mejora de la capacidad de concentración, memoria y atención.

- Mejora de la calidad de vida y aumento de la esperanza de vida.

BENEFICIOS DEL EJERCICIO FÍSICO EN EL EMBARAZO Y POSTPARTO:

Llevar una vida activa durante esta etapa proporciona los mismos beneficios que para el resto de la población, además de beneficios específicos adicionales como:

- Reducción del riesgo de complicaciones graves como la diabetes gestacional (elevación del azúcar en la sangre) y la pre-eclampsia (toxemia del embarazo).

- Menor probabilidad de partos prematuros, varices, edemas en las piernas y trombosis venosas.

- Ayuda a controlar el aumento de peso durante el embarazo.

- Promueve una mayor elasticidad en las articulaciones, aliviando síntomas comunes como dolor de espalda, calambres en las piernas, estreñimiento e insomnio.

- Disminuye el riesgo de peso elevado en el bebé y parece mejorar la psicomotricidad.

- Facilita la recuperación física y psicológica durante el postparto.

- Las mujeres que mantienen una vida activa durante el embarazo tienen más probabilidades de continuar siendo activas durante el postparto.

EJERCICIO FÍSICO Y ESTRÉS

La base de toda felicidad es la salud.

Leigh Hunt

El estrés es un estado en el cual el organismo se encuentra amenazado por un posible desequilibrio, manifestándose como tensión física o emocional debido a factores tanto internos como externos.

El fenómeno del estrés afecta a todos los niveles de la sociedad y tiene un impacto significativo en los trabajadores. Esta condición se debe a las demandas sociales y al estilo de vida actual, donde las presiones diarias afectan negativamente nuestra salud. En general, el estrés se considera una patología que debe abordarse como tal. Numerosas investigaciones han demostrado los efectos positivos del ejercicio físico en la reducción del estrés, disminuyendo el sedentarismo, contrarrestando conductas sociales negativas, mejorando el estado de ánimo y el rendimiento laboral.

BENEFICIOS DEL EJERCICIO FÍSICO PARA COMBATIR EL ESTRÉS:

- **Aumenta las endorfinas:** La actividad física incrementa la producción de endorfinas, neurotransmisores cerebrales que promueven el bienestar. Actividades aeróbicas como correr pueden generar sensaciones de satisfacción similares.

- **Reduce los efectos negativos del estrés:** El ejercicio físico ayuda a aliviar el estrés en el cuerpo, generando efectos positivos en sistemas como el cardiovascular, digestivo e inmunitario.

- **Es una meditación en movimiento:** Durante el ejercicio, como caminar, correr o nadar, es posible olvidarse de las tensiones diarias y concentrarse únicamente en los movimientos del cuerpo. Con la práctica regular, se experimenta una sensación de calma, relajación y concentración diaria.

- **Promueve el dominio sobre el cuerpo y la vida:** Mejora notablemente los síntomas del estrés, como insomnio, ansiedad y depresión leve.

- **Directrices para mejorar la adherencia al ejercicio físico:**

- **Hacer el ejercicio agradable:** Es fundamental que el ejercicio sea divertido para mantener la regularidad. Ofrecer opciones variadas de actividades puede reducir el aburrimiento y el riesgo de lesiones.

- **Ajustar la intensidad, duración y frecuencia:** Adaptar el ejercicio según las circunstancias individuales es crucial. Es preferible realizar ejercicio incluso dos o tres veces por semana que no hacerlo.

- **Promover el ejercicio en grupo:** La práctica social del ejercicio aumenta la adherencia. Muchas personas disfrutan más del ejercicio cuando lo realizan con otros.

- **Mantener un diario de ejercicios:** Llevar un registro ayuda a establecer y mantener hábitos, además de servir como fuente de motivación y refuerzo.

- **Reforzar el éxito:** Reconocer y elogiar los logros personales ayuda a mantener la motivación. Las recompensas materiales también pueden ser efectivas para fomentar la participación continuada.

- **Encontrar un lugar adecuado para el ejercicio:** Eliminar excusas relacionadas con la ubicación facilita la adherencia al ejercicio.

- **Utilizar música:** La música puede ser una herramienta motivacional efectiva durante el ejercicio, aumentando el gasto energético y haciendo que la experiencia sea más placentera y diferente a cualquier tarea laboral.

INCORPORAR LA ACTIVIDAD FÍSICA EN LA VIDA COTIDIANA

Comienza donde estás, usa lo que tienes y haz lo que puedas.

Arthur Ashe

Además de incorporar la actividad física en la vida cotidiana, es recomendable realizar ejercicio varias veces a la semana. Para introducir la práctica de ejercicio en la rutina semanal, se pueden seguir estas recomendaciones:

- **Escoger el ejercicio o deporte según los gustos personales**: Elegir una actividad que sea placentera y motivadora aumenta las probabilidades de mantener la constancia.

- **Anotar en la agenda los días de ejercicio**: Programar el ejercicio como una cita consigo mismo ayuda a mantener la disciplina. Es importante identificar el mejor momento del día para realizarlo, ya sea por la mañana, después del trabajo, u otro momento que se ajuste a la rutina personal.

- **Mantener un registro del progreso**: Establecer metas alcanzables y registrar los avances crea un sentido de logro y motiva a continuar con la práctica regular del ejercicio.

- **Acompañar el ejercicio con entretenimiento**: Escuchar música, ver televisión o disfrutar de podcasts mientras se realiza ejercicio puede hacer la actividad más placentera y reducir el aburrimiento, favoreciendo la adherencia a largo plazo.

- **Encontrar actividades para cualquier clima**: Buscar opciones como acudir al gimnasio o practicar ejercicios en casa que puedan realizarse incluso cuando las condiciones meteorológicas no sean favorables.

- **Ejercitarse con compañía**: Hacer ejercicio con amigos o familiares no solo aumenta la diversión, sino que, también refuerza los beneficios sociales y emocionales de la actividad física.

- **Dar un paseo diario rápido**: Iniciar con un ritmo suave y aumentarlo progresivamente es una forma efectiva de comenzar a incorporar actividad física diaria, promoviendo la salud cardiovascular y el bienestar general.

Si se desea aumentar la intensidad del ejercicio y no se tiene experiencia previa o se tiene alguna condición médica, es aconsejable consultar con un profesional de la salud para evaluar el tipo de ejercicio más adecuado.

ANTES DEL EJERCICIO:

- **Escoge una vestimenta cómoda y que permita la transpiración**: Evita prendas que puedan irritar la piel con el roce. Usa ropa térmica o con efecto aislante según las condiciones climáticas.

- **Utiliza calzado adecuado para la actividad**: Es crucial elegir zapatillas que se ajusten correctamente y eviten movimientos bruscos del pie dentro, lo cual puede provocar inestabilidad y rozaduras. Asegúrate de abrochar bien los cordones.

Características importantes de las zapatillas deportivas:

Deben adaptarse a la forma de tu pie para evitar inestabilidades y rozaduras.

Deben amortiguar los impactos contra el suelo al saltar o correr, previniendo inflamaciones en tendones y periostio.

Deben permitir cierta flexibilidad y no ser demasiado pesadas para evitar fatiga muscular.

- **Realiza un calentamiento adecuado**: El calentamiento prepara gradualmente al organismo y ayuda a prevenir lesiones. Adaptarlo al tipo de ejercicio que realizarás es fundamental.

- **No comas al menos dos horas antes del ejercicio**: Evita la sensación de hinchazón o calambres estomacales durante la actividad física.

- **Evita la transpiración excesiva en los pies**: La humedad puede causar problemas como hongos o malos olores.

DURANTE EL EJERCICIO:

- **Inicia la actividad física de manera suave y progresiva**: Comenzar de forma moderada permite que el cuerpo se adapte y rinda adecuadamente, reduciendo el riesgo de lesiones.

- **Hidrátate adecuadamente**: Bebe líquidos en abundancia si el ejercicio será prolongado o en condiciones de calor. Controla la intensidad de tu esfuerzo monitoreando tus pulsaciones y adaptándote a tu estado físico y la duración del ejercicio.

- **Respira correctamente**: Inspirar por la nariz facilita el rendimiento durante la actividad física.

DESPUÉS DEL EJERCICIO:

- **Higiene corporal después del ejercicio:** El cuidado adecuado después de la actividad física es fundamental para prevenir infecciones, dado que durante el ejercicio se crean condiciones propicias para su desarrollo.

- **Ducha energética**: Es recomendable tomar una ducha vigorosa, ya que ayuda a eliminar mejor la suciedad y suele tener un efecto relajante. Asegúrate de que la temperatura del agua no sea muy fría para evitar el cierre de los poros de la piel, lo cual podría mantener la transpiración después de salir de la ducha. Después de ducharte, asegúrate de secar bien el cuerpo para evitar la humedad entre los poros. Es aconsejable usar tu propia toalla por razones de higiene.

- **Abrígate si hace frío**: Después de la ducha, especialmente si hace frío, es importante mantener el calor corporal, ya que el cuerpo puede perder una gran cantidad de calor y aumentar el riesgo de resfriarse. Dedica unos minutos a permitir que tu cuerpo vuelva a su estado normal y se recupere adecuadamente. Puedes realizar ejercicios de estiramiento, relajación o respiratorios para ayudar en este proceso.

- **Hidratación**: Beber líquidos es crucial para reponer el agua perdida a través de la sudoración. Considera usar bebidas específicas para recuperar hidratos de carbono y sales minerales si la actividad ha sido intensa. También es recomendable planificar una comida rica en hidratos de carbono después del ejercicio.

- **Consulta médica en caso de lesión**: Si experimentas alguna lesión durante el ejercicio, es aconsejable consultar a un médico en lugar de automedicarte.

CONSEJOS PARA INCORPORAR LA ACTIVIDAD FÍSICA A LA VIDA COTIDIANA:

Aunque a menudo se utilizan indistintamente, ejercicio y actividad física tienen significados distintos. Como mencionamos antes, para la OMS, la actividad física se define como "cualquier movimiento corporal producido por los músculos esqueléticos que requiere gasto de energía". Por otro lado, el ejercicio se refiere a "una variedad de actividades físicas planificadas, estructuradas, repetitivas y realizadas con el objetivo de mejorar o mantener la aptitud física".

Por lo tanto, la actividad física no se limita al ejercicio planificado, sino que incluye también los movimientos corporales realizados durante el juego, actividades recreativas, incluso las tareas domésticas. Es posible incorporar más actividad física en la vida diaria con pequeños cambios:

- Realizar las tareas domésticas sin utilizar electrodomésticos, como usar la escoba en lugar de la aspiradora para moverse más.

- Evitar el uso del mando a distancia y levantarse cada vez que se necesite cambiar de canal.

- Optar por subir y bajar las escaleras en lugar de usar el ascensor.

- Descender del autobús o el metro unas paradas antes del destino y caminar el resto. También se puede considerar utilizar la bicicleta para los desplazamientos.

- Ir a pie hasta la tienda o, al menos, estacionar el coche lejos de la entrada para caminar un poco.

- Aprovechar cualquier oportunidad para moverse sin transporte, como dar una vuelta a la manzana al sacar la basura.

- Levantarse para hablar con un colega en lugar de llamarlo por teléfono, especialmente si su escritorio está lejos o en otro piso del edificio.

- Planificar excursiones durante las vacaciones o los fines de semana. La playa también puede ser un excelente lugar para jugar al voleibol, correr o caminar por la orilla.

- Estos pequeños ajustes pueden contribuir significativamente a aumentar la actividad física diaria, mejorando así la salud y el bienestar general.

RECOMENDACIONES DEL COLEGIO AMERICANO DE MEDICINA DEPORTIVA:

- Aumentar la actividad física de intensidad moderada a 150 minutos por semana o 30 minutos diarios. Si se puede alcanzar los 300 minutos semanales, mucho mejor.

- Reducir el tiempo de estar sentado, idealmente a 4 horas por día.

- Combinar un aumento en la actividad física a los niveles recomendados.

- Es aconsejable comenzar con ejercicio de intensidad ligera a moderada, especialmente para las personas habitualmente inactivas.

- Específicamente, entre los adultos más inactivos, reducir el tiempo sedentario podría proporcionar suficiente estímulo y sobrecarga progresiva para conducir a mejoras valiosas en la función cardiorespiratoria y musculoesquelética.

- Incorporar más movimiento en la vida diaria: bailar, hacer tareas domésticas, jardinería, caminatas, pasear al perro o subir escaleras.

- Es probable que los pacientes con enfermedad cardiovascular requieran sesiones supervisadas para garantizar ejercicios físicos de intensidad moderada a vigorosa y seguros, como los programas de rehabilitación cardiaca.

INCORPORAR EL DEPORTE EN TU VIDA COTIDIANA:

Establece metas u objetivos SMART (inteligentes):

Define metas específicas, medibles, alcanzables, relevantes y limitadas en el tiempo. Un objetivo medible para reducir el estrés podría ser realizar caminatas durante 30 minutos, 4 veces a la semana. También puedes probar videos de ejercicio en línea para hacer en casa.

Busca un compañero:

Ir al gimnasio o ejercitarte con alguien que te espere puede ser un gran incentivo. Ejercitarte con amigos o compañeros de trabajo aumentará tu motivación y compromiso, haciendo los entrenamientos más divertidos.

Ejercicio al aire libre:

Realizar actividad física al aire libre aumenta la energía, absorbe vitamina D y mejora el ánimo. Cambiar de entorno y estar en contacto con la naturaleza reduce la fatiga y distrae de las sensaciones negativas. Además, reduce los marcadores de estrés como la adrenalina, noradrenalina y cortisol. Para perder peso, combina ejercicios de gimnasio con actividades al aire libre para mantener un metabolismo activo.

Pasea con tu mascota:

Pasear a tu perro es una excelente forma de hacer ejercicio. Puedes realizar senderismo, trotar o andar en bicicleta con tu mascota. Asegúrate de llevar suministros para sus necesidades y utiliza un arnés o correa adecuados.

Haz ejercicio en sesiones cortas:

Realizar ejercicio por períodos breves, como de 10 a 30 minutos, proporciona beneficios para la salud. Dedica tiempo por la mañana o al final del día para caminar, hacer flexiones, abdominales o sentadillas. Lo importante es integrar la actividad física de manera regular en tu rutina diaria.

CAPÍTULO 7

SUEÑO

De la tranquilidad surge el poder y la fuerza.

J. Joybell C

Un descanso adecuado y un sueño reparador son tan fundamentales para la salud como una buena nutrición y el ejercicio regular. Tanto la salud física como la emocional dependen de nuestra capacidad para satisfacer estas necesidades humanas. Durante el sueño, experimentamos una disminución de la consciencia y la reactividad a estímulos externos. Este proceso, reversible y con una periodicidad circadiana, se caracteriza por la inmovilidad y la relajación muscular.

La falta de sueño o privación del mismo, provoca alteraciones conductuales, emocionales y fisiológicas, junto con una "deuda" acumulativa de sueño que eventualmente debe ser recuperada.

El sueño es un proceso vital, cíclico y activo, compuesto por varias fases que están interrelacionadas con diversos sistemas hormonales y nerviosos. Al igual que otras funciones del organismo, está regulado por un reloj biológico situado en el hipotálamo, que coordina su inicio y finalización, y afecta qué tan propensos somos al buen o mal dormir.

Este reloj biológico envía señales al resto del cerebro para iniciar y finalizar el sueño, además de regular la producción de melatonina por la glándula pineal. La melatonina, vital para regular el ciclo del sueño, es influenciada por la luz ambiental. Durante el día, la intensidad de la luz solar inhibe la producción de melatonina, mientras que, al atardecer, la disminución de la luz ambiental estimula su producción, preparando el cuerpo para conciliar el sueño en la oscuridad.

El sueño cumple una función crucial en la recuperación física y psicológica. Se considera un proceso activo y multifásico, caracterizado por distintas ondas cerebrales y actividad muscular y ocular. El sueño normal comprende dos fases principales: el de ondas lentas (NREM) y el de movimientos oculares rápidos (REM), cada una asociada con diferentes patrones de actividad cerebral y corporal.

Estas fases se identifican a través de métodos como el electroencefalograma (EEG), el electrooculograma (EOG) y el electromiograma (EMG), y están presentes en todos los mamíferos.

SUEÑO NO REM (SUEÑO DE ONDAS LENTAS)

El sueño se divide en cuatro etapas o fases distintas:

Fase 1: Adormecimiento. Es un estado de somnolencia donde el EEG muestra ondas alfa y theta. Marca la transición entre la vigilia y el sueño, con movimiento ocular lento y disminución de la actividad muscular. Representa entre el 5% y el 10% del tiempo total del sueño.

Fase 2: Sueño ligero. Aquí el ritmo cardíaco y respiratorio disminuyen. Hay movimientos oculares leves y una mezcla de actividad cerebral intensa y menos intensa, lo que dificulta el despertar. Esta fase ocupa aproximadamente el 45% al 50% del ciclo del sueño y se caracteriza por períodos de actividad theta, husos del sueño y complejos K en el EEG.

Fase 3: Transición al sueño profundo. Dura alrededor de 20 minutos y marca el inicio del sueño profundo y reparador. Se observa una disminución del tono muscular y la aparición de ondas delta en el EEG, aunque en personas mayores de 60 años esta fase puede ser menos pronunciada.

Fase 4: Sueño lento o profundo. Aquí predominan las ondas delta en el EEG. Se reduce el ritmo respiratorio y la presión arterial, indicando un sueño de calidad. Esta fase, que ocupa aproximadamente el 15% del ciclo del sueño, determina si el descanso ha sido reparador.

Estas etapas son fundamentales para la salud física y mental, y cada una cumple un rol específico en el proceso de recuperación y descanso del organismo.

SUEÑO REM. RAPID EYES MOVEMENTS (MOVIMIENTOS RÁPIDOS DE OJOS) O ETAPA DE SUEÑO PARADÓJICO

El sueño se compone de varias fases, incluyendo el sueño REM y el No REM, que se alternan a lo largo de la noche en ciclos de aproximadamente 90 minutos. Estas se repiten durante las 6 a 8 horas recomendadas de sueño. En adultos, se experimentan de 4 a 6 ciclos por noche, mientras que en niños este número puede aumentar de 6 a 10, dependiendo de la edad.

Fase REM (Movimiento rápido de los ojos): Esta etapa ocupa aproximadamente el 25% del ciclo de sueño. Aquí, la actividad cerebral es alta y similar a la vigilia, pero los músculos están bloqueados. Es la fase del sueño donde soñamos y procesamos información del exterior. En el EEG, se observan ondas cerebrales theta. Durante esta fase, el ritmo cardíaco y la presión aumentan, al igual que los movimientos oculares. El sueño REM se considera crucial para el almacenamiento de recuerdos, el aprendizaje y el equilibrio del estado de ánimo.

A lo largo de la noche, el sueño profundo predomina en la primera parte de la noche, mientras que el sueño REM se incrementa en la segunda parte. Estos ciclos cíclicos son fundamentales para un descanso efectivo y reparador.

CARACTERÍSTICAS DEL SUEÑO

El sueño es un arte poético involuntario.

Immanuel Kant

El patrón de sueño varía según la edad. Por ejemplo, los recién nacidos suelen dormir alrededor de 16 horas, los lactantes entre 12 y 14 horas, y los niños de 3 a 5 años generalmente necesitan unas 11 horas. A los 9 a 10 años, esto se reduce a alrededor de 9 a 10 horas, y en la población adulta, lo habitual es dormir entre 7 y 8 por noche, con una presencia predominante del sueño profundo en la última parte de la noche.

Es común observar que los adultos mayores necesitan dormir menos horas totales, pero a menudo hacen siestas durante el día, lo que puede fragmentar su sueño y reducir la duración de las fases profundas comparado con los jóvenes o adultos; sin embargo, la cantidad total de horas de sueño no varía significativamente.

Otra característica relacionada con la edad es la alteración del ritmo circadiano. Los adolescentes tienden a experimentar un "retraso de fase", es decir, tienen una tendencia natural a quedarse despiertos más tarde y levantarse más tarde. En contraste, las personas mayores a menudo experimentan un "adelanto de fase", donde se acuestan y se levantan más temprano.

Existen diversas causas que pueden alterar el ritmo biológico del sueño:

- **Causas hormonales**: Cambios hormonales como los que ocurren durante la menopausia o ciertas condiciones endocrinas como el hipotiroidismo pueden afectar el reloj biológico.

- **Factores genéticos**: Los genes "clock genes" desempeñan un papel crucial en el ritmo circadiano, y cualquier alteración genética puede perturbar su funcionamiento normal.

- **Efectos de medicamentos**: Algunos medicamentos que afectan el sistema nervioso pueden alterar el ciclo sueño-vigilia, como los antidepresivos y los antihipertensivos.

- **Problemas oftalmológicos**: Alteraciones en la retina o el nervio óptico pueden influir en la percepción de la luz y, por lo tanto, en la regulación del sueño.

- **Alteraciones neurológicas**: Condiciones neurológicas pueden afectar la estructura y función del sueño.

- **Edad**: El ciclo de sueño cambia a lo largo de la vida, afectando la cantidad y calidad del descanso.

- **Higiene del sueño**: Prácticas como la alimentación y el consumo de ciertos alimentos (cafeína, pomelo, etc.) así como el nivel de actividad física, pueden influir en la calidad del sueño.

El estrés y otras emociones negativas también pueden afectar significativamente el sueño. El aumento prolongado de la adrenalina y el cortisol debido al estrés crónico puede llevar al insomnio, afectando la capacidad para conciliar y mantener el sueño. Mantener un estado de ánimo saludable es fundamental para un buen descanso y bienestar general.

Existen varios indicadores que sugieren que el problema de insomnio puede estar relacionado principalmente con una disfunción en el ritmo sueño-vigilia:

- Dificultades para conciliar el sueño, especialmente al inicio de la noche (en menor medida si se intenta en otras franjas horarias).

- Dificultades para mantenerse dormido, especialmente al inicio de la noche (en menor medida si se intenta en otras franjas horarias).

- Inicio del problema en la infancia o adolescencia.

- El problema ocurre casi a diario, independientemente del nivel de estrés o la actividad del entorno donde se duerma.

- Mejora del insomnio con la toma de melatonina.

- Hipersomnolencia diurna, con facilidad para quedarse dormido en momentos del día que deberían estar activos.

- Antecedentes familiares de problemas similares.

Cuando estas dificultades se presentan con frecuencia, pueden indicar trastornos del sueño que requieren atención profesional.

TRASTORNOS DEL SUEÑO

A veces hay que saber descansar.

Marina Castañeda

Según la Organización Mundial de la Salud (OMS), al menos el 40% de la población experimenta dificultades para conciliar un buen sueño. Aunque el insomnio es el más conocido, no es el único problema:

Se denomina insomnio de mantenimiento cuando hay dificultades para mantener el sueño a lo largo de la noche. Puede manifestarse con despertares frecuentes (insomnio intermitente) o con la incapacidad para conciliar el sueño tras despertarse. Ambos casos alteran la arquitectura del sueño y reducen significativamente el tiempo de sueño profundo.

El insomnio de conciliación se presenta cuando hay dificultades para iniciar el sueño (aumento de la latencia del sueño). Se considera normal una latencia del sueño inferior a 20 minutos en niños y adultos jóvenes, e inferior a 30 minutos en adultos de mediana edad o mayores.

El insomnio de despertar precoz ocurre cuando la persona se despierta antes de lo esperado, sin necesidad de un despertador. En general, no requiere tratamiento si no causa cansancio diurno o problemas relacionados con la falta de descanso.

El síndrome de apnea del sueño (SAS) es una enfermedad común, con una prevalencia aproximada del 2% en mujeres y del 4% en hombres. En los últimos años, se ha asociado con un aumento significativo de morbilidad y mortalidad de origen cardiovascular, siendo reconocido como un importante problema de salud pública. El SAS se caracteriza por la presencia de apneas recurrentes durante el sueño debido a obstrucciones parciales o completas de la vía respiratoria superior. Afecta a personas de todas las edades y sexos, siendo más característico en hombres de mediana edad con sobrepeso y ronquido habitual.

La hipersomnia o somnolencia diurna excesiva se manifiesta con dificultad para mantenerse despierto durante el día, y puede ser causada por condiciones como hipertiroidismo, fibromialgia, depresión u obesidad.

Los problemas en los horarios regulares del sueño afectan a personas que trabajan en turnos rotativos, viajeros frecuentes, profesionales que cumplen guardias nocturnas o estudiantes con horarios irregulares.

Los comportamientos anormales durante el sueño, como las parasomnias (terrores nocturnos, sonambulismo, síndrome de piernas inquietas), son frecuentes y pueden estar asociados con estrés, ansiedad o depresión.

Estos trastornos tienen consecuencias diurnas significativas, como despertares angustiosos, irritabilidad, bajo rendimiento laboral, dificultades de concentración y un mayor riesgo de accidentes.

LA PRIVACIÓN DEL SUEÑO

Los problemas derivados de un mal descanso afectan directamente nuestras actividades diarias, impactando nuestra salud general, seguridad y calidad de vida. La privación del sueño, causada por condiciones físicas o mentales que impiden un sueño reparador de manera regular, puede manifestarse con síntomas como somnolencia diurna, episodios de microsueños (breves momentos de sueño mientras estamos despiertos) y dificultades para mantenerse despierto durante el día. Además, la falta de sueño afecta los procesos cognitivos, incluyendo la claridad mental, la capacidad de reacción rápida, la formación de recuerdos, la concentración y la memoria. Emocionalmente, puede provocar irritabilidad y, con el tiempo, afectar el estado de ánimo y aumentar la ansiedad.

A nivel físico, la privación del sueño se relaciona con diversos problemas de salud, como un mayor riesgo de hipertensión, enfermedades cardíacas, obesidad y diabetes. Además, magnifica los efectos del alcohol en el organismo y puede incrementar el riesgo de sufrir lesiones no mortales en accidentes viales debido a la somnolencia al volante.

SUEÑO, BIENESTAR FÍSICO Y PSICOLÓGICO

*Date permiso para descansar si estás cansado,
no significa que seas flojo.*

Anónimo

Existen numerosos beneficios derivados de mantener buenos hábitos de descanso, tanto desde el punto de vista cognitivo, emocional, como físico.

Quienes disfrutan de un sueño suficiente y sin interrupciones pueden pensar, reaccionar, concentrarse y memorizar de manera más efectiva. La cognición se fortalece con un sueño reparador. Dormir 8 horas después de un día activo y lleno de compromisos permite una mejor regulación del estrés y la ansiedad, ofreciendo un tiempo para desconectar de las demandas laborales y familiares, y volver a la rutina con energías renovadas.

Estudios científicos han demostrado que la falta de sueño aumenta la producción de ghrelina, una hormona que incrementa el apetito, lo cual puede llevar a acumular más grasa difícil de quemar. Además, la falta de sueño puede inducir a comer más, ya que a menudo se confunde el cansancio con el hambre.

Otras investigaciones señalan que el sueño adecuado contribuye a prevenir el envejecimiento prematuro. Durante el sueño, la piel, constantemente expuesta a daños y oxidación celular durante el día, se regenera, favoreciendo así la renovación celular. Asimismo, durante el sueño se reduce la frecuencia cardíaca, lo que beneficia la reparación celular y contribuye al control de condiciones como la hipertensión y la diabetes.

El sueño también potencia la creatividad, permitiendo una conexión plena con esta forma de expresión, donde las ideas y posibilidades parecen inagotables.

En resumen, dormir bien mejora la concentración y el aprendizaje. Un cerebro descansado es más activo, eficiente y práctico.

INDICACIONES PARA UN BUEN DORMIR

Buen descanso, la noche trae esperanza de un bello amanecer.

Anónimo

Los beneficios de una buena siesta van más allá de simplemente sentirse menos somnoliento y más alerta: mejora el funcionamiento cognitivo, los tiempos de reacción, la memoria a corto plazo e incluso el estado de ánimo. Por ello, es recomendable tomar una siesta breve de no más de 20 a 30 minutos siempre que sea posible. Integrar la siesta en tu rutina puede acostumbrar positivamente a tu cuerpo a este descanso.

RECOMENDACIONES PARA UNA BUENA SIESTA:

- Aprovecha un lugar tranquilo en casa para descansar.
- Usa un antifaz y tapones para aislar luz y ruido, lo que facilitará desconectar más rápidamente.
- Pon una alarma para despertarte a tiempo.
- Una vez despierto, evita volver a dormir.
- Si estás en el trabajo u otro lugar, considera descansar en tu auto inclinando el asiento, o en una oficina personal en una mesa o sillón.
- Las siestas más largas de hasta una hora y media son recomendables solo en casos de privación de sueño por horarios de trabajo o desgaste físico intenso.
- Recuerda que no se rinde más entrenando más tiempo, sino durmiendo más y mejor antes de practicar deporte.

HÁBITOS SALUDABLES PARA UN BUEN DESCANSO (HIGIENE DEL SUEÑO):

- Es recomendable ir a dormir cuando se siente sueño. Si después de 30 minutos no logras conciliar el sueño, levántate y realiza actividades tranquilas hasta que vuelvas a sentir sueño.
- Evita obligarte a dormir, ya que esto puede ser contraproducente.

- Deja el nerviosismo fuera de la habitación. Si al acostarte tu mente repasa las actividades del día o situaciones estresantes, haz este repaso despierto y sentado, luego practica una relajación con música suave para liberar pensamientos negativos y concentrarte en la respiración y la relajación muscular.

- Evita ver televisión o noticias antes de dormir, ya que la luz de las pantallas afecta la producción de melatonina necesaria para un buen descanso. En su lugar, opta por leer un libro en papel, escuchar música relajante o dar un breve paseo.

PRÁCTICAS PARA UN BUEN DORMIR:

- Deja al menos dos horas entre la cena y el momento de dormir para permitir una adecuada digestión.

- Desconecta digitalmente al menos dos horas antes de acostarte: evita el uso de móviles, tablets, PCs o cualquier tecnología que emita luz.

- Usa antifaz y tapones para los oídos para evitar distracciones por luz y ruido que puedan afectar tu sueño.

- Ajusta la temperatura de la habitación entre 20 y 23 grados para un ambiente confortable.

- La calidad y renovación de los elementos de la cama son fundamentales para un sueño profundo y reparador.

- Es normal despertarse brevemente durante la noche; si sucede, practica algún ejercicio de relajación y vuelve a intentar dormir sin preocuparte.

- No te fuerces a dormir: si pasan 30 minutos sin lograr conciliar el sueño, levántate y realiza actividades tranquilas hasta que vuelvas a sentir sueño, luego regresa a la cama.

- Es importante desconectar de las actividades laborales antes de dormir, reduciendo el ritmo y la activación asociada a las tareas diarias para facilitar la desconexión.

- Un baño caliente al menos 10 minutos antes de dormir puede ser beneficioso. Si estas medidas no son suficientes, considera el uso de sustancias naturales como la melatonina y el triptófano, conocidas por favorecer la relajación y la inducción del sueño.

ALIMENTOS Y SUPLEMENTOS ALIMENTICIOS PARA UN BUEN DORMIR

Dormir es la mejor meditación.

Buda

Existen numerosos suplementos naturales que pueden ayudar a mejorar el sueño. Los más completos suelen contener, además de melatonina, valeriana, pasiflora y algunas vitaminas.

La valeriana es un tranquilizante natural ampliamente conocido. Sus propiedades calmantes la hacen ideal para ayudar a relajarse y combatir el insomnio. Se puede consumir en infusiones antes de ir a la cama, pero se debe evitar su combinación con medicamentos psicoactivos u otros sedantes como el alcohol. También se desaconseja durante el embarazo y la lactancia, ya que se excreta a través de la leche materna.

Otra hierba recomendada junto con la melatonina es la pasiflora. Originaria de Sudamérica, se usa tradicionalmente para tratar la ansiedad, el nerviosismo y el insomnio, así como las migrañas, debido a sus efectos sedantes. Además, la pasiflora ayuda a reducir las palpitaciones y la presión arterial elevada; sin embargo, debe consumirse con precaución, ya que puede ser tóxica en dosis altas y no es apta para mujeres embarazadas o en períodos de lactancia.

Algunas investigaciones sugieren que los suplementos de melatonina pueden ayudar a tratar trastornos del sueño, como la fase de sueño retrasada, y también pueden aliviar el insomnio y los efectos del desfase horario. Por lo general, se considera seguro usar melatonina a corto plazo y, a diferencia de muchos medicamentos para dormir, no suele provocar dependencia, tolerancia o resaca.

Es importante tener en cuenta que la melatonina no debe ser la primera ni la única solución para tratar el insomnio. Debe complementarse con cambios en el estilo de vida que promuevan una buena salud, como una nutrición adecuada, ejercicio regular, prácticas diarias de relajación, higiene del sueño, conexión social y espiritualidad. Además, es recomendable reemplazar las bebidas estimulantes por infusiones que fomenten la relajación y el descanso.

Las hierbas como la tila, valeriana, melisa o agua del Carmen son recomendables para consumirlas durante el día, ya que actúan como relajantes. No se deben tomar justo antes de dormir para evitar despertarse durante la noche para ir al baño.

En casos más complejos donde los síntomas de ansiedad son intensos, se recomienda consultar con un médico y considerar el tratamiento psicológico adecuado. Estas respuestas fisiológicas al estrés prolongado o agudo requieren una atención especializada.

Es fundamental consultar con un médico neurólogo para determinar las dosis adecuadas según la edad y evitar posibles efectos secundarios al consumir estos suplementos de manera responsable.

ALIMENTOS PARA FAVORECER UN BUEN DESCANSO:

La alimentación y la calidad del sueño están estrechamente relacionadas. La última comida del día debe ser ligera y moderada, idealmente entre las 7:00 PM y las 8:00 PM. Es crucial seleccionar alimentos que faciliten la secreción de hormonas como la melatonina y la serotonina, que son clave para el sueño.

Es recomendable priorizar alimentos ricos en vitaminas B3, B6 y B9, zinc, magnesio y triptófano, un aminoácido que promueve la producción de serotonina y melatonina. La melatonina se encuentra en alimentos como cerezas, nueces y tomates.

Ejemplos de alimentos que promueven el sueño incluyen:

- Verduras como espinacas, zanahorias, apio, remolacha y brócoli.

- Alimentos que pueden perjudicar el sueño:

- Existen alimentos que dificultan la digestión y, por lo tanto, el descanso. Es recomendable evitar:

- Carnes rojas, embutidos y quesos grasos.

- Especias picantes.

- Alcohol.

- Café, té y otras bebidas con cafeína.

- Dulces y chocolates.

- Pescado azul (salmón, atún, sardinas).

- Carne de pollo o pavo.

- Mariscos y moluscos.
- Legumbres, arroz y cereales integrales.
- Huevos.
- Lácteos.

Los alimentos que contienen melatonina son especialmente beneficiosos para consumir por la noche, ya que proporcionan una dosis adicional de esta hormona necesaria para un buen descanso. Es crucial evitar estimulantes y alimentos que dificulten la digestión al menos seis horas antes de dormir para asegurar una mejor calidad de sueño.

CAPÍTULO 8

EL CONTACTO CON LA NATURALEZA

Amar la naturaleza forma parte del amarse a uno mismo.

Pablo Paz

- Estimula la creatividad: La energía que ofrece la naturaleza estimula las neuronas, favoreciendo el desarrollo cognitivo y el aprendizaje. Moverse libremente y observar con atención despierta la curiosidad por aprender más.

- Nos ayuda a escucharnos a nosotros mismos: Los colores y sonidos naturales estimulan la abstracción y facilitan la meditación, permitiéndonos entrar en contacto con nuestras reflexiones internas.

- Refuerza el sistema inmunológico: Pasar tiempo en la naturaleza protege contra diversas enfermedades, relaja y ayuda a renovar energías, oxigenar la sangre y proteger contra enfermedades cardiovasculares, respiratorias, mentales y musculares.

- Reduce el estrés: Realizar actividades al aire libre y en contacto con la naturaleza reduce la fatiga mental, proporciona sensación de libertad y disminuye la ansiedad y la depresión al reducir los niveles de cortisol y adrenalina.

- Aumenta la autoestima y el autocontrol: Realizar actividad física en entornos naturales mejora el ánimo y la autoestima, potencia la disciplina y ayuda a regular los impulsos, mejorando el rendimiento cognitivo.

- Aumenta el conocimiento e interés: El contacto con la naturaleza permite conocer y apreciar su belleza, haciendo consciente la importancia de cuidar el medio ambiente y valorar la vida en todas sus formas.

- Mejora la concentración: La naturaleza ayuda a relajarnos, reduciendo el estrés y mejorando la concentración en las actividades diarias.

- Mejora el contacto con las emociones: Al estar más relajados y creativos en contacto con la naturaleza, es más fácil conectar con nuestras emociones y la intuición.

- Ayuda a conciliar el sueño: El contacto regular con la naturaleza puede contribuir a mejorar la calidad del sueño.

- Contribuye a la cohesión y bienestar social: La experiencia compartida en entornos naturales fortalece las relaciones sociales y mejora el bienestar emocional.

¿Dónde?

Puedes practicar el contacto con la naturaleza en áreas silvestres, parques urbanos o semiurbanos, ríos, mares, lagos, termas naturales o incluso en tu jardín, oficina u hogar si tienen vegetación.

¿Cuánto tiempo?

Puedes dedicar al menos 30 minutos al día o hasta dos horas para un "baño de bosque". Es recomendable conectar con la naturaleza al menos una vez por semana para efectos duraderos.

¿Cómo?

Antes y durante tu experiencia en la naturaleza, concéntrate en el presente con ejercicios de mindfulness para reducir la prisa, calmar la mente y concentrarte en el momento.

Pasos:

- Apaga tu celular para desconectar de responsabilidades.
- Sé consciente del inicio y fin de tu experiencia, marcando el momento de alguna manera simbólica.
- Usa ropa cómoda y suelta.
- No tengas metas específicas, simplemente vive y experimenta el momento presente.
- Para oxigenar tu organismo, practica respiraciones suaves y lentas.
- Activa tus sentidos: observa los colores y formas, percibe texturas al tocar plantas y tierra, escucha los sonidos naturales y percibe los aromas del entorno.
- Al conectar con tus sentidos y emociones, camina lentamente y disfruta de la naturaleza, permitiéndote ser sorprendido por lo que ves, escuchas, hueles y sientes.

TERAPIA DEL BOSQUE

*Mira profundamente la naturaleza,
entonces comprenderás todo mejor.*

Albert Einstein

Ben Page, guía de Terapia del Bosque y defensor mundial de esta práctica, sostiene que actualmente enfrentamos varios problemas significativos que están directamente relacionados con la desconexión de la naturaleza. Desde los tiempos de Hipócrates, se ha destacado que nuestra salud depende crucialmente del aire puro, la luz solar, el agua y las plantas, elementos que fortalecen nuestro sistema inmunológico.

Uno de los problemas destacados es el rápido aumento de los desafíos de salud mental en todo el mundo, atribuido a la digitalización, la urbanización, el exceso de trabajo, el estrés y la soledad. Además, existe una preocupación por la degradación global de la ecología, desde acciones cotidianas como desechar basura hasta problemas graves como la deforestación, que impactan negativamente en la biosfera terrestre.

Un tercer problema identificado es la degradación de los valores culturales, donde los problemas más urgentes no son solo económicos o políticos, sino sociales, emocionales y morales, con prevalencia de apatía, egoísmo y codicia. Es crucial cambiar nuestra percepción y pensar de manera que fomente el amor profundo y el cuidado mutuo, no solo entre humanos, sino con todas las formas de vida en la Tierra, incluyendo plantas y animales.

La Terapia del Bosque tuvo sus inicios en Japón con prácticas como Shirin Yoku y Shirin Ryoho, concebidas inicialmente por la comunidad científica japonesa como baños de bosque para complementar la atención médica convencional. Actualmente, diversas escuelas de pensamiento en Asia y Europa trabajan en el diseño de entornos forestales que promuevan esta práctica, buscando beneficiar tanto la salud humana como la restauración ecológica, mediante la plantación de árboles, el manejo de malas hierbas y la promoción de un crecimiento vegetal saludable.

Los investigadores en medicina del bosque han demostrado que la exposición a diferentes tonos de verde de las plantas tiene efectos calmantes y curativos. A pesar de que los seres humanos han adoptado estilos de vida cada vez más urbanos, nuestro

ADN sigue reconociendo el bosque y las áreas silvestres como su hogar natural. Por tanto, el bosque no solo ofrece sanación espiritual, emocional y física, sino también es un lugar de conexión profunda con la naturaleza.

Las prácticas tradicionales de pueblos indígenas, como el cuidado salvaje, muestran cómo podemos coexistir en armonía con la naturaleza, aprendiendo de su vitalidad y preservando su equilibrio. La relación con la naturaleza debe ser de reciprocidad, entendiendo que estamos interconectados y que nuestra interacción debe ser mutuamente beneficiosa.

La Terapia del Bosque invita a las personas a experimentar la naturaleza como algo vivo, sensible y sagrado, desarrollando un amor profundo por el mundo natural. Este enfoque no solo activa la esperanza y la alegría, sino también proporciona beneficios médicos y de bienestar, siendo crucial para la prevención y tratamiento de enfermedades relacionadas con el estilo de vida.

La sensibilidad inherente de cada árbol resalta la necesidad de trasladar esa sensibilidad a nuestras relaciones interpersonales, fortaleciendo la inteligencia emocional y la conexión con el mundo. Comenzar con los sentidos es fundamental en esta práctica: conectar con la fragancia del bosque, los tonos verdes de las plantas, el murmullo de los arroyos, el canto de los pájaros y el contacto físico con los árboles.

La investigación sobre la terapia del bosque se centra principalmente en la salud pública, abordando aspectos como la salud cardíaca, los indicadores de estrés, la morbilidad y la mortalidad en diferentes contextos; sin embargo, gran parte de la evidencia se basa en relatos anecdóticos y experiencias autoinformadas de participantes, guías y aprendices.

Estudios fisiológicos han demostrado que la terapia del bosque produce varios efectos positivos en la salud:

- Reducción significativa de los niveles de cortisol en saliva.

- Menor variabilidad en la frecuencia cardíaca.

- Aumento del sistema nervioso parasimpático.

- Disminución del sistema nervioso simpático.

- Reducción de la presión arterial y la frecuencia cardíaca.

- Mejora de las funciones inmunológicas para prevenir enfermedades.

Además, se ha investigado el efecto relajante de la estimulación visual con imágenes tridimensionales (3D) de la naturaleza. Esta forma de contacto visual con la naturaleza se considera beneficiosa en nuestra sociedad moderna estresada. Se ha observado que la exposición a imágenes 3D realistas de escenarios naturales puede tener efectos diferentes en el cuerpo en comparación con imágenes en 2D.

Por ejemplo, un estudio expuso a participantes imágenes de lirios de agua en formatos 2D y 3D durante 90 segundos. Se midió la actividad del sistema nervioso mediante la variabilidad de la frecuencia cardíaca y se monitoreó la corteza prefrontal utilizando NIRS (espectroscopía cercana al infrarrojo para medir la hemoglobina). Los resultados mostraron que la exposición a imágenes realistas en 3D de la naturaleza condujo a una disminución en los niveles de oxihemoglobina en la corteza prefrontal derecha, en comparación con las imágenes 2D.

Epílogo

La clave para la vida saludable y la pérdida de peso: reducir estrés, dormir, respirar profundo, agua limpia, nutrición completa, luz solar, caminar, estirarse, meditar, amar, vivir en comunidad, reír, soñar, perseverar, propósito, humildad y acción.

Bryant McGill

Al llegar al final de este viaje, quiero invitarte a hacer una pausa y reflexionar sobre todo lo que hemos explorado. Desde el primer capítulo, la intención ha sido clara: comprender el bienestar como un estado de equilibrio profundo, que abarca todas las dimensiones de nuestra existencia. Hemos recorrido un camino que nos ha llevado a considerar lo físico, lo emocional, lo social y lo espiritual como aspectos inseparables de nuestra vida cotidiana.

Desde la introducción, hablamos de la importancia de estar a gusto con uno mismo, de ser feliz y de sentirnos bien en nuestras vidas. A lo largo de estas páginas, hemos desmenuzado esa idea en sus componentes más esenciales. No se trata solo de cuidar nuestra salud física o de mejorar nuestra calidad de sueño con los alimentos adecuados y los suplementos correctos. Es, sobre todo, un acto de amor propio. Es decir, día a día, nutrirnos no solo con lo que comemos, sino con lo que pensamos, con cómo nos movemos, con quiénes compartimos nuestro tiempo y, muy especialmente, con la naturaleza que nos rodea.

Cada una de las prácticas que hemos explorado—desde la importancia de una alimentación consciente hasta el poder sanador del contacto con la naturaleza—ha sido presentada como un medio para reconectar contigo mismo, para encontrarte en un lugar de paz, equilibrio y satisfacción genuina. Es fácil olvidar que nuestro bienestar no es algo externo, que buscamos en los logros o en los bienes materiales. El bienestar está en nosotros, en cómo elegimos vivir, enfrentar los desafíos y nos cuidamos en los momentos de vulnerabilidad.

Cambiar nuestros hábitos no solo transforma nuestro cuerpo, sino también nuestra mente y nuestro espíritu. Nos volvemos más conscientes, más presentes, más conectados con nuestra esencia y con el mundo que nos rodea.

Este libro ha sido mi manera de compartir contigo lo que he aprendido a lo largo de los años. Quiero que sepas que cada consejo, cada reflexión, ha sido escrito desde la mente y el corazón con la esperanza de que encuentres en estas páginas las herramientas y la inspiración que necesitas para caminar hacia tu propio bienestar.

El bienestar integral, como mencioné al principio, es un proceso gradual, una transformación que requiere compromiso y amor hacia uno mismo. No es un destino, sino un viaje continuo, lleno de descubrimientos, retos y recompensas. Y aunque en el camino habrá momentos de duda o retroceso, lo importante es recordar que siempre tienes la opción de retomar la senda hacia una mejor versión de ti.

Gracias por haber compartido este tiempo conmigo, por haberte abierto a estas ideas y prácticas que pueden transformar tu vida. Espero que, al cerrar este libro, sientas que tienes en tus manos las herramientas para construir una vida más plena, más consciente, más en armonía con tu ser y con el mundo que te rodea.

Que cada paso que des a partir de hoy te acerque más a ese estado de bienestar que todos merecemos. Que nunca dejes de buscar el equilibrio, la paz y la felicidad en tu vida diaria. Y que, sobre todo, recuerdes siempre que el bienestar es un acto de amor propio, un regalo que te das a ti mismo y que, al hacerlo, también ofreces a los demás.

Con cariño y gratitud,
Francisca Hein, 2024.

Bibliografía

CAPÍTULO 1:

Seligman, M. E. P. (1990). *Aprenda Optimismo: Haga de la vida una experiencia maravillosa*. México: Diana.

Hanh, T. N. (2012). *La paz está en tu interior: Prácticas de mindfulness*. Barcelona: Editorial Kairós.

Neff, K. (2023). Self-compassion: Theory and measurement. In A. Finlay-Jones, K. Bluth, & K. Neff (Eds.), *Handbook of self-compassion* (pp. 1–18). Springer Nature Switzerland AG.

Layous, K., & Lyubomirsky, S. (2014). The how, why, what, when, and who of happiness: Mechanisms underlying the success of positive activity interventions. In J. Gruber & J. T. Moskowitz (Eds.), *Positive emotion: Integrating the light sides and dark sides* (pp. 473–495). Oxford University.

Cyrulnik, B., & Malaguti, E. (Eds.). (2005). *Construyendo resiliencia: La reorganización positiva de la vida y la creación de vínculos significativos*. (Detalles adicionales según disponibilidad).

Zani, B., & Cicognani, E. (1999). *Los caminos del bienestar*. Roma: Carocci.

Markham, H., Stanley, S., & Blumberg, S. L. (1994). *Fighting for the Marriage*. San Francisco: Jossey-Bass Publishers.

Buchanan, G. M., & Seligman, M. E. P. (1995). *Explanatory Style*. Hillsdale, NJ: Erlbaum.

Bados, A., & García Grau, E. (2014). *Resolución de problemas (ERP)*. Universidad de Barcelona: Publicación electrónica. Colección objetos y materiales docentes (OMADO). http://hdl.handle.net/2445/54764.

Doran, G. T. (1981). There's a S.M.A.R.T. Way to Write Management's Goals and Objectives. Management Review, 70, 35-36.

Burns, R. (1990). *El Autoconcepto*. Bilbao: EGA.

Poseck, V., Carbelo, B., & Vecina, M. (2006). La experiencia traumática desde la psicología positiva: Resiliencia y crecimiento postraumático. *Papeles del Psicólogo, 27*(1), 40-49.

García-Alandete, J. (2014). Psicología Positiva, bienestar y calidad de vida. *Claves del Pensamiento, 8*(16), 13-29.

Haybron, D. M. (2008). *The Pursuit of Unhappiness: The Elusive Psychology of Well-Being*. New York, NY: Oxford University Press.

Ardila, R. (2003). Calidad de vida: Una definición integradora. *Revista Latinoamericana de Psicología, 35*(2), 161-164.

Satir, V. (1990). *En Contacto Íntimo: Cómo relacionarse con uno mismo y con los demás*. México: Ed. Pax.

Branden, N. (1995). *Los Seis Pilares de la Autoestima*. México: Ed. Paidós.

Branden, N. (2001). *La Psicología de la Autoestima*. México: Ed. Paidós.

Rodríguez, M., Pellicer, G., & Domínguez, M. (1988). *Autoestima: Clave del Éxito Personal*. México: Ed. Manual Moderno.

Buchanan, G. M., & Seligman, M. E. P. (1995). *Explanatory Style*. Hillsdale, NJ: Erlbaum.

CAPÍTULO 2:

Gross, J. J., y John, O. P. (2003). Individual differences in two emotion regulation processes: Implications for affect, relationships, and well-being. Journal of Personality and Social Psychology, 85(2), 348-362. doi: 10.1037/0022-3514.85.2.348

Mayer, J.D., DiPaolo, M.T. y Salovey, P. (1990). Perceiving affective content in ambiguous visual stimuli: A component of emotional intelligence. Journal of Personality Assessment, 54, 772-781.

Jimenes, L., Yela, J., Crego, A., Melero-Ventola, A., & Gómez, M. (2022). Effectiveness of the Mindfulness-Based Stress Reduction (MBSR) vs. the Mindful Self-Compassion (MSC) Programs in Clinical and Health Psychologist Trainees. *Mindfulness, 13*, 584-599.

Hervás, G., Cebolla, A., & Soler, J. (2016). Intervenciones psicológicas basadas en Mindfulness y sus beneficios: Estado actual de la cuestión. *Clínica y Salud, 27*(3), 123-134.

Hernández, E., Dvorack, A., & Weingarten, K. (2020). Music stimuli in mindfulness meditation: Comparison of musician and non-musician responses. *Psychology of Music, 30*(1), 1-17. DOI: 10.1177/0305735620901338

Parra, M., Montañés, J., Montañés, M., & Bartolomé, R. (2012). Conociendo Mindfulness. *Facultad de Educación de Albacete, N°27*.

Wu, I. H., & Buchaman, T. N. (2019). Pathways to Vitality: The Role of Mindfulness and Coping. Springer Nature.

Sosa, E., Fernández, A., Ramos, J., Sánchez, J., Fernández, E., & García, F. (2021). Mindfulness para la reducción del estrés y el peso. *Revista Española de Enfermería de la Salud*.

Ryff, C. (1989). Happiness is everything, or is it? Explorations on the meaning of psychological well-being. *Journal of Personality and Social Psychology, 57*, 1069-1081.

Ryff, C., & Keyes, C. (1995). The structure of psychological well-being revisited. *Journal of Personality and Social Psychology, 69*, 719-727.

Seligman, M. (2005). *La auténtica felicidad*. Barcelona: B.S.A.

Seligman, M. E., & Csikszentmihalyi, M. (2000). Positive Psychology: An introduction. *American Psychologist, 55*, 5-14.

Van Dierendonck, D. (2004). The construct validity of Ryff's Scale of Psychological well-being and its extension with spiritual well-being. *Personality and Individual Differences, 36*(3), 629-644.

Marsumoto, D., & Ekman, P. (2009). Basic Emotions. In D. Sander and K. R. Scherer (Eds.). *Oxford Companion to Emotion and the Affective Sciences*. Oxford, UK: Oxford University Press.

Goleman, D. (1995). *Emotional Intelligence*. Editorial Vergara.

Mariano García Fernández, Sara Isabel Giménez -Mas, Jarozo de Cuevas del Almanzora, Almería, España.

Izard, C. E. (1971). *The Face of Emotion*. New York: Appleton-Century-Crofts.

Izard, C. E. (1991). *Psychology of Emotions*. New York: Plenum.

Fensterhein, H., & Baer, J. (1976). *Método transaccional gestáltico*. México: Diana.

Wolpe, J. (1977). *La Práctica de la terapia de la conducta*. México: Trillas.

Libet, J., & Lewishon, L. (1988). *Entrenamiento asertivo*. Medellín, Colombia: Rayuela.

Lazarus, A. (1996). Behavior rehearsal vs. Non-directive therapy vs. Advice in effecting behavior change, *Behavior Research and Therapy*.

García, F., & Magaz (1995). *Escala de evaluación de la asertividad: ADCA-1*. Madrid, España: Editorial CEPE.

Oramas, A., Santana, S., & Vergara, A. (2006). El bienestar psicológico: Un indicador positivo de la salud mental. *Revista Cubana de Salud y Trabajo, 7*(1-2), 34-39.

Seligman, M. (1975). *Helplessness: On Depression, Development and Death*. San Francisco: Free Man.

Baer, R. A. (Ed.). (2006). *Técnicas de tratamiento basadas en Mindfulness: Guía Clínica de la base de evidencias y aplicaciones*. Bilbao: Biblioteca de Psicología, Desclée de Brouwer.

CAPÍTULO 3:

Fabrice Duval MD, Féliz González MD y Hassen Rabia MD. (2010). Neurobiología del estrés. Rev. De neuro-psiquiatría. V. 48 n.4: 307-318. Santiago.

Arelys Toledo Amador; Nancy Abreu Pérez, María E. Pérez Silva, Ramón Howard Ofarrill. (2006). Efectividad de la técnica de relajación de Schultz modificada en la parte final de la clase de educación física. Instituto Superior de Ciencias Médicas. Revista Archivo Médico de Camagüey. V. 10 n°. 3: Cuba. Versión on line. ISSN 1025-0255.

Goldstein, David (May 16, 2009). "Walter Cannon: Homeostasis, the Fight-or-Flight Response, the Sympathoadrenal System, and the Wisdom of the Body". *BrainImmune*.

Castro Ruiz, I. (2022). "Pandemia de COVID-19 y Salud Mental: papel de la enfermera en psicoeducación del entrenamiento en la técnica de Relajación Muscular Progresiva.

Chambi Mamani, M., & Puma Mendez, A. L. (2021). Eficacia de las técnicas de relajación muscular de Jacobson para aliviar el estrés en miembros de la comunidad Casa Blanca-Arequipa, 2021.

Delgado Guerrero, C. R. (2021). Relajación muscular progresiva de Jacobson para disminuir la ansiedad y favorecer la calidad de vida de las personas adultas mayores (Bachelor's thesis, Quito: UCE).

Revista de Psicológia Universidad de Antioquia. Versión On-line

Selye, Hans. 1907-1960 La tensión en la vida. El estress. Biblioteca Digital U. de Chile. Recuperado en: https://www.bibliotecadigital.uchile.cl/discovery/fulldisplay/alma991003029959703936/56UDC_INST:56UDC_INST

Sánchez, J., Rosa, AI., Olivarez, J. (1998). Las técnicas de relajación en el campo de la psicología clínica y de la salud en España: Una revisión meta-analítica. Cuadernos de Medicina Psicosomática y Psiquiatría de enlace, n°45/46, pag. 21-36.

CAPÍTULO 4:

Sánchez Benito, J. L., & Pontes Torrado, Y. (2012). Influencia de las emociones en la ingesta y control de peso. *Nutrición Hospitalaria, 27*(6), 2148-2150.

Péneau, S., Ménard, E., Méjean, C., Bellisle, F., & Hercberg, S. (2013). Sex and dieting modify the association between emotional eating and weight status. *The American Journal of Clinical Nutrition, 97*(6), 1307-1313.

Real Academia Española (RAE). (2001). *Emoción*. Recuperado de https://goo.gl/Zovq2p

Colegio Oficial de Psicólogos de Madrid (COPM). (2014). Emociones y Salud. Recuperado de https://goo.gl/6MzXt2

Anderson, H. G. (1998). Hambre, apetito e ingesta alimentaria. En ILSI (Ed.), *Conocimientos actuales en nutrición*(7th ed., pp. 15-21). ILSI Press.

Busdiecker, S. B., Castillo, C. D., & Salas, I. A. (2000). Cambios en los hábitos de alimentación durante la infancia: Una visión antropológica. *Revista Chilena de Pediatría, 71*, 5-11.

Bays, J. C. (2013). *Comer atentos*. Barcelona: Kairós.

Dane, H., Khadro, A., & Hay, L. (2015). *Pensamientos y Alimentos*. Madrid: Urano.

Fiocco, A. J., & Mallya, S. (Fecha no especificada). The importance of cultivating mindfulness for cognitive and emotional well-being in late life.

Tolle, E. (2001). *El poder del ahora*. Madrid: Gaia Ediciones.

Wansink, B. (2006). *Mindless Eating: Why We Eat More Than We Think*. Nueva York: Bantam.

PhysOrg. (2006, 15 de noviembre). First research confirms that eating slowly inhibits appetite. Recuperado de http://www.physorg.com/news82810846.html

Rodríguez, F., Aranceta, J., & Serra-Majem, L. (2008). *Psicología y nutrición*. Elsevier España, S.L.

World Obesity Federation. (2023). *World Obesity Atlas*. Compilado por T. Lbstein, R. Jackson-Leach, J. Powis, H. Brinsden, & M. Gray.

CAPÍTULO 5:

Pate, R. R., O'Neill, J. R., & Lobelo, F. (2008). The evolving definition of 'sedentary'. Exercise and Sport Sciences Reviews, 36(4), 173-178. doi:10.1097/JES.0b013e3181877d1a

IPAQ Research Committee. (2005). Guidelines for the data processing and analysis of the International Physical Activity Questionnaire-2005. Recuperado el 13 de junio de 2013, de. http://efaidnbmnnnibpcajpcglclefindmkaj/https://www.physio-pedia.com/images/c/c7/Quidelines_for_interpreting_the_IPAQ.pdf

Fletcher, G. F., Blair, S. N., Blumenthal, J., Caspersen, C., Chaitman, B., Epstein, S., et al. (1992). Statement on exercise: Benefits and recommendations for physical activity programs for all Americans. A statement for health professionals by the Committee on Exercise and Cardiac Rehabilitation of the Council on Clinical Cardiology, American Heart Association. Circulation, 86(1), 340-344. doi:10.1161/01.CIR.86.1.340

Organización Mundial de la Salud. (2010). Recomendaciones Mundiales sobre Actividad Física para la Salud. Ginebra.

Revista Española de Cardiología. (2007). Los retos actuales de la investigación en actividad física y sedentarismo. Revista Española de Cardiología, 60(2), 231-233.

Blasco, T. (1997). Asesoramiento psicológico en Programas de ejercicio físico. Psicología del Deporte. Madrid: Síntesis.

Weinberg, R. S., & Gould, D. (1996). Fundamentos de la psicología del deporte y el ejercicio físico. Barcelona: Ariel.

Tittel, K., & Israel, L. (1991). La inactividad física aumenta los factores de riesgo para la salud y la capacidad física. Declaración de posición de Federación Internacional de Medicina del Deporte.

Tinning, R. (1990). Physical Education as health education: problem-setting as a response to the new health consciousness. Unicorn, 16, 81-89.

Aracely, I., Calero, S., & Carpio, P. (2017). Efecto de las actividades físicas en la disminución del estrés laboral. Universidad de las Fuerzas Armadas ESPE. Quito, Ecuador.

Barbosa, S., & Urrea, A. (2018). Influencia del deporte en la actividad física, en el estado de salud físico y mental: una revisión bibliográfica. Revista Katharsis, 25.

Airasca, D., & Giardini, H. (2009). Actividad física, salud y bienestar. Argentina: Editorial Nobuko.

Devis, J., & Peiró, C. (2010). Actividad física, deporte y salud. Barcelona: Inde Publicaciones.

Martinsen, E. W. (2004). Physical activity and depression: clinical experience. Acta Psychiatrica Scandinavica, 89, 23-27. doi:10.1111/j.1600-0447.1994.tb05898.x

Booth, F. W., Roberts, C. K., & Laye, M. J. (2017). Role of inactivity in chronic diseases: Evolutionary insight and pathophysiological mechanisms. Physiological Reviews, 97(4), 1351-1402. doi:10.1152/physrev.00019.2016

CAPÍTULO 6:

Bosch, M. J., Riumalló, M. P., & Morgado, M. (2021). Conociendo el sueño: Beneficios y trastornos. Guía Práctica. Centro de Trabajo y Familia, Universidad de los Andes, Chile.

Moya, P., & Fabres, L. (2021). Sueño: conceptos generales y su relación con la calidad de vida. *Revista Médica*.

Andréu, M. M., de Larrinaga, A., Martínez, J. A. M., Cuesta, M. Á. M., Guerra, F. J. P., & Rodríguez, A. J. A. (2016). Sueño Saludable: evidencias y guías de actuación. *Revista Neurología, 63*(Supl. 2), S1-S27.

Miró, E., Cano-Lozano, M. C., & Buela-Casal, G. (2005). Sueño y Calidad de Vida. Universidad de Granada, Universidad de Jaén, España.

National Heart, Lung, and Blood Institute (NHLBI) (2009). At-a-glance: Healthy sleep. Recuperado el 30 de mayo de 2012, de http://www.nhlbi.nih.gov/health/public/sleep/healthy_sleep_atglance.pdf

National Sleep Foundation (NSF). (2010). REM sleep deprivation and migraines. Recuperado el 4 de junio de 2012, de http://www.sleepfoundation.org/alert/rem-sleep-deprivation-and-migraine

National Institute of Neurological Disorders and Stroke (NINDS). (2007). Dreaming and REM sleep In Brain basics: Understanding sleep. Recuperado el 29 de mayo de 2012, de https://www.ninds.nih.gov/Disorders/Patient-Caregiver-Education/Understanding-Sleep

World Health Organization (WHO). (2013). Estrategia mundial sobre régimen alimentario, actividad física y salud. Recuperado de http://www.who.int/dietphysicalactivity/pa/es/

American College of Sports Medicine. (2002). ACSM's Guidelines for Exercise Testing and Prescription. Philadelphia: Lippincott Williams & Wilkins.

Campbell, N., Correa-Rotter, R., Neal, B., & Cappuccio, F. P. (2011). New evidence relating to the health impact of reducing salt intake. *Nutrition, Metabolism, and Cardiovascular Diseases, 21*(8), 617-619.

Dunn, A. L., Anderson, R. E., & Jakicic, J. M. (1998). Lifestyle physical activity interventions: history, short and long term effects and recommendations. *American Journal of Preventive Medicine, 15*(4), 398–412.

Farhud, D. D., Malmir, M., & Khanahmadi, M. (2015). Happiness as a healthy lifestyle. *Iranian Academy of Medical Sciences.*

CAPÍTULO 7 Y 8:

Brod, C. (1984). Technostress: The Human Cost of the Computer Revolution. Addison Wesley: Boston, MA, USA.

Dye, C. (2008). Health and urban living. Science, 319, 766-769. https://doi.org/10.1126/science.1153095

Ikei, H., Song, C., Igarashi, M., Namekawa, T., & Miyazaki, Y. (2014). Physiological and psychological relaxing effects of visual stimulation with foliage plants in high school students. Advances in Horticultural Science, 28, 111-116.

Igarashi, M., Yamamoto, T., Lee, J., Song, C., Ikei, H., & Miyazaki, Y. (2014). Effects of stimulation by three-dimensional natural images on prefrontal cortex and autonomic nerve activity: A comparison with stimulation using two-dimensional images. Cognitive Processing, 15, 551-556. https://doi.org/10.1007/s10339-014-0614-5

Lee, J., Park, B. J., Tsunetsugu, Y., Kagawa, T., & Miyazaki, Y. (2009). The restorative effects of viewing real forest landscapes: Based on a comparison with urban landscapes. Scandinavian Journal of Forest Research, 24, 227-234. https://doi.org/10.1080/02827580902903341

Lee, J., Tsunetsugu, Y., Takayama, N., Park, B. J., Li, Q., Song, C., ... et al. (2014). Influence of forest therapy on cardiovascular relaxation in young adults. Evidence-Based Complementary and Alternative Medicine. https://doi.org/10.1155/2014/834360

Li, Q., Morimoto, K., Nakadai, A., Inagaki, H., Katsumata, M., Shimizu, T., ... Hirata, Y. (2007). Forest bathing enhances human natural killer activity and expression of anti-cancer proteins. International Journal of Immunopathology and Pharmacology, 20(2_suppl), 3-8. https://doi.org/10.1177/039463200702002S202

Miyazaki, Y., & Motohashi, Y. (1996). Forest environment on physiological response. In Y. Agishi & Y. Ohtsuka (Eds.), New Frontiers in Health Resort Medicine. Hokkaido School of Medicine Press: Sapporo, Japan, pp. 67-77.

Miyazaki, Y., Song, C., & Ikei, H. (2015). Preventive medical effects of nature therapy and their individual differences. Japanese Journal of Physiological Anthropology, 20, 19-32.

Park, B. J., Tsunetsugu, Y., Lee, J., & Miyazaki, Y. (2016). Effect of the forest environment on physiological relaxation: Results of field tests at 35 sites throughout Japan. In Q. Li (Ed.), Forest Medicine. Nova Science Publishers, Inc.: New York, NY, USA, pp. 55-65.

Ivens, S. (2018). Terapia del Bosque: Felicidad para las 4 estaciones a través del contacto con la naturaleza. Editorial Urano.

Song, C., Ikei, H., Igarashi, M., Takagaki, M., & Miyazaki, Y. (2015). Physiological and psychological effects of a walk in urban parks in fall. International Journal of Environmental Research and Public Health, 12, 14216-14228. https://doi.org/10.3390/ijerph121114216

Tanaka, A., Takano, T., Nakamura, K., & Takeuchi, S. (1996). Health level influenced by urban residential conditions in a megacity-Tokyo. Urban Studies, 33, 879-894.

www.ingramcontent.com/pod-product-compliance
Lightning Source LLC
LaVergne TN
LVHW052257210726
843527LV00040B/547